SELENE GODOY

SE RÉCONCILIER AVEC LE FRANÇAIS

AVEC

SELENE

hachette

@enelesg

Selene | Bac de français

Sommaire

AVANT-PROPOS

Si vous passez le bac de français à la fin de l'année et/ou si vous voulez alimenter votre culture littéraire, vous êtes au bon endroit ! Je suis Selene, professeure particulière spécialisée dans la préparation au bac de français. Il y a trois ans, je fais un constat : après la réforme du bac en 2020, tous mes élèves sont perdus, ils ne se sentent pas guidés à l'école. Alors, à la rentrée 2021, je crée un compte TikTok consacré à la préparation du bac de français. Aujourd'hui, ma communauté rassemble plusieurs centaines de milliers de lycéens.

Évidemment, cette expérience a influencé la démarche proposée dans le livre que vous tenez entre les mains : la promesse est d'expliquer les œuvres imposées par l'Éducation nationale et étudiées en classe, sans que vous ayez l'impression d'être en train d'étudier. Entre les différents chapitres, vous trouverez également de précieux conseils de méthode.

Merci infiniment pour la confiance que vous me témoignez en lisant cet ouvrage. J'y ai mis du cœur, beaucoup de cœur, afin de vous transmettre cette matière que j'affectionne tout particulièrement de la manière la plus ludique possible.

Bonne lecture !

Selene

POUR COMMENCER :

FAQ

Commençons par une petite foire aux questions. Elle s'inspire de vos questions les plus récurrentes, aussi bien dans les commentaires de mes vidéos que dans les messages privés que vous m'envoyez.

Dans la filière générale, vaut-il mieux choisir le commentaire composé ou la dissertation ?
C'est la question qui revient le plus souvent. Voici la seule et unique réponse concevable : la dissertation, c'est du savoir ; le commentaire composé, c'est du savoir-faire. Alors, à vous de choisir en fonction de vos qualités.
Choisissez la dissertation si vous êtes un élève studieux, parce que savoir que vous pouvez vous fier à ce que vous avez étudié vous rassurera très certainement.
Le risque ? Vous retrouver face à un sujet très ouvert et avoir carte blanche peut être déstabilisant. Je vous renvoie aux conseils de méthode que je donne dans ce livre pour éviter le hors-sujet à tout prix !
Choisissez le commentaire si vous préférez être guidé dans votre réflexion par un texte concret. Il vous faudra être à l'aise avec la langue française, car on peut tomber sur un texte de n'importe quelle époque.
Le risque ? De n'y rien comprendre ou – au contraire – de croire qu'on a trop bien compris le texte et de le paraphraser, c'est-à-dire reprendre le texte sans l'analyser, en proposer une simple reformulation, sans apporter de réelle interprétation sur le message (caché ou non) de l'auteur.
Dans les deux cas, c'est un exercice de rédaction, qui demandera de votre part une mise en pratique des méthodes données par votre professeur et que vous trouverez également dans ce livre.

Faut-il avoir lu les livres pour réussir ?

Bien entendu, si vous prenez la dissertation ou l'essai, avoir lu les livres vous permettra de donner des exemples concrets directement tirés de vos lectures, aussi bien sur le fond que sur la forme. Mais il ne sert à rien de lire un livre si l'on n'y comprend rien, si l'on ne s'y intéresse pas, car ni l'essentiel ni les détails ne seront retenus. Un livre qui n'est pas compris est un livre à relire. C'est pourquoi, je vous conseille de lire d'abord les pages qui suivent afin de comprendre le message ou la démarche de chaque auteur. Ensuite, approfondissez avec l'œuvre au programme (feuilletez-la, au moins pour vous faire une idée de la forme !).

Dernière chose : vous avez le choix de la lecture cursive pour l'entretien, à l'oral. Aussi, choisissez un livre que vous prévoyez de lire. Partez du principe que vous devez maîtriser cette lecture mieux que quiconque, ne laissez donc rien au hasard. Quand il s'agit d'une pièce de théâtre, vous pouvez aussi regarder la pièce !

Est-il impossible d'avoir une bonne note au commentaire ?

Absolument pas. Il existe effectivement une rumeur d'après laquelle les professeurs seraient plus exigeants sur le commentaire que sur la dissertation. Tout dépend de l'examinateur. N'écoutez pas les on-dit.

La troisième partie est-elle obligatoire ?

En filière techno, pas du tout. On part du principe que vous n'avez que deux heures pour la rédaction, donc deux parties suffisent.

En filière générale, c'est différent. Cela dépend de votre examinateur. Certains de mes élèves ont obtenu 20/20 avec deux parties seulement, alors que d'autres m'ont dit que trois parties n'ont pas suffi parce qu'elles n'étaient pas assez fournies...

Certains vous diront de ne pas vous aventurer sur une troisième partie qui risquerait de s'avérer

redondante ou – pire ! – d'être contradictoire. Je suis de cet avis. Cependant, d'autres examinateurs sont extrêmement exigeants et ne corrigent même pas s'ils ne voient pas se dessiner trois parties et trois sous-parties. C'est pourquoi, je prépare toujours mes élèves à contenter le plus intransigeant des examinateurs.
Dans tous les cas, ne vous fiez pas uniquement à l'avis de votre professeur. Malheureusement, ce n'est pas lui qui corrigera votre copie.

Combien de pages doit-on gratter ?
Cela dépend... de la taille de votre écriture.
En filière générale, étant donné que l'on attend de vous une recontextualisation complète du sujet ou du texte analysé, l'introduction devrait faire environ deux tiers de page. Pareil pour la conclusion, qu'il ne faut surtout pas bâcler. Ensuite, si l'on part du principe qu'un argument, pour être bien articulé, doit faire au minimum 15 lignes, on peut compter une bonne demi-page par sous-partie. Pour peu que vous écriviez trois parties dotées de deux sous-parties, cela fait déjà 8 pages en tout.
En filière techno, comptez une demi-page pour l'intro ainsi que pour la conclusion. L'argument doit être aussi complet que possible, mais vous avez droit à deux parties seulement, ce qui donne donc 5 pages pour l'essai.
Toutefois – et je m'adresse à tous –, ne vous mettez pas la pression. Suivez mes conseils de méthodo sur la manière de rédiger un argument complet, la structure de l'introduction et de la conclusion, et si vous avez tout, soyez tranquilles. Gratter pour gratter est une bien mauvaise idée.

Peut-on être pénalisé pour une mauvaise orthographe ?
Techniquement, non. Chaque faute d'orthographe ne vous pénalise pas d'un point ou d'un demi-point. En revanche, l'orthographe fait partie de l'expression écrite de manière plus générale dans

la grille d'évaluation de votre examinateur. Si tout va bien et que vous commettez quelques petites erreurs, on ne vous en tiendra pas rigueur, mais si une mauvaise expression écrite rend votre propos incompréhensible, cela se fera sentir dans la note : c'est certain.
A contrario, une orthographe soignée sera toujours valorisée et fera une excellente première impression auprès de votre examinateur.

Est-ce que ça vaut la peine d'apprendre par cœur des accroches toutes faites ?
Pour l'oral, je vous déconseille d'apprendre toute l'introduction du professeur, car elle est souvent très longue. Il faut s'en tenir à la carte d'identité de l'œuvre : titre, auteur, date de parution, genre littéraire, mouvement littéraire, parcours étudié. Pour l'écrit, attention aux accroches déjà prêtes car il ne faudrait pas les copier-coller sans réfléchir, au risque de faire du hors-sujet. Une accroche doit se faire généralement sur le thème principal du sujet ou du texte qui vous a été donné.

Peut-on être interrogés sur le programme de seconde ?
Oui, sur la question de grammaire à l'oral. Que nous dit le programme ?
« S'agissant de la question de grammaire, les notions rencontrées en classe de seconde, mais non approfondies en classe de première, doivent être connues et mobilisables. Elles ne peuvent cependant pas constituer un ressort essentiel de la question posée au candidat. »
Il faut donc se préparer à y répondre en cas de question subsidiaire, mais la question principale doit être posée sur le programme de la classe de première : (1) la négation, (2) l'interrogation, (3) les propositions subordonnées.

Faut-il lire les noms des personnages et les didascalies à l'oral ?

Cela dépend de votre texte. L'évaluation porte sur votre capacité à lire un texte sans accroc et avec une belle intonation. Hacher la lecture en énonçant à chaque fois le nom du personnage peut être fastidieux, pour vous comme pour l'examinateur. Toutefois, cela ne vous pénalisera pas. S'il y a deux personnages seulement, contentez-vous de changer d'intonation lorsque vous passez de l'un à l'autre. S'il y en a beaucoup et que les didascalies sont également nombreuses, vous ne pourrez pas les interpréter ; par conséquent, intégrez-les dans votre lecture.

Que faire si on ne sait pas répondre aux questions de l'examinateur lors de la lecture cursive à l'oral ?

D'abord, gardez votre calme. Certaines questions sont très subjectives, d'autres plutôt objectives, et vous demanderont de vous être renseigné sur l'histoire de l'œuvre choisie. Dans les deux cas, vous pouvez demander de reformuler la question pour gagner quelques secondes de réflexion. Du moment que vous paraissez sûrs de vous, ce ne sera pas mal perçu.

Mais la meilleure stratégie pour éviter de rester bloqués, c'est de préparer quelques questions récurrentes en amont :

- Qui a été votre personnage préféré ? Pourquoi ?
- Quel a été votre passage préféré ? Pourquoi ?
- Comment l'œuvre a-t-elle été accueillie par la critique à l'époque ?
- Que pouvez-vous me dire sur le style de l'auteur ?
- À quelle autre œuvre ce livre vous fait-il penser ? Pourquoi ?
- Pouvez-vous citer une autre œuvre du même auteur ?

XVe XVIe XVIIe

RABELAIS
ET LE RELATIVISME

LE RELATIVISME, QU'EST-CE QUE C'EST ?

Imaginez que vous vous teniez face à moi et qu'entre nous, je dessine un grand 6 à la craie par terre. De mon point de vue, ce sera un 6, tandis que de votre point de vue, ce sera... un 9. Qui aurait raison ?
Vous et moi, car c'est une histoire de **perception**, et chaque point de vue se défend.

« Chacun appelle barbarie
ce qui n'est pas de son usage. »
Montaigne, *Essais*

Cette métaphore nous aide à comprendre le relativisme : l'idée que la vérité est relative et dépend de la perception de chacun. Faire preuve de relativisme, c'est tolérer qu'une même réalité puisse être interprétée de plusieurs manières.

ET À L'ÉPOQUE ?

« Notre monde vient d'en trouver un autre. »
Montaigne, *Essais*

En 1453, alors que le savoir est réservé aux hommes d'Église, Gutenberg invente l'imprimerie, rendant la culture et la connaissance diffusables et plus accessibles. En 1492, Christophe Colomb explore l'Amérique. Rendez-vous compte : pour les Européens de l'époque, c'est comme si on découvrait aujourd'hui qu'il y a de la vie sur Vénus !
Le monde change en cette fin de XVe siècle : la période médiévale, qui a pourtant duré mille ans, arrive à son terme. Mais cette fin du Moyen Âge signifie aussi et surtout le début de la Modernité. Les

auteurs modernes comme Rabelais et Montaigne portent alors un nouveau regard sur ce monde qu'ils laissent derrière eux, un regard critique.
En effet, le relativisme sert la critique, car c'est l'occasion de montrer que ce qu'on a toujours trouvé normal, naturel, juste de par notre culture ou notre façon de faire, peut en fait être incompris du point de vue d'un autre. La réalité telle que nous la connaissons depuis mille ans peut avoir ses défauts avec des yeux modernistes.

FRANÇOIS RABELAIS (1483-1553)

Né en 1483 ou en 1494, Rabelais est bien plus qu'un simple écrivain. Figure emblématique de la Renaissance française, c'est un penseur, un médecin et un moine. Après ses études, Rabelais voyage en Italie, là où la Renaissance voit le jour. Il y découvre les idées humanistes, influencées notamment par les écrits d'Érasme.
Cette expérience fait de lui un fervent défenseur des **idéaux humanistes**, dont la particularité principale est de chercher à placer l'homme et son savoir au centre de toute réflexion. Dans cet esprit, l'auteur cache au cœur de *Gargantua* les préoccupations des grands penseurs de son temps.

« Il faut ouvrir le livre et soigneusement peser ce qui y est exposé. [...] Vous vous rendrez compte que l'ingrédient contenu dedans est de bien autre valeur que ne le promettait la boîte ; c'est-à-dire que les matières traitées ici ne sont pas aussi frivoles que, au-dessus, le titre le laissait présumer. »
Prologue de *Gargantua*

GARGANTUA

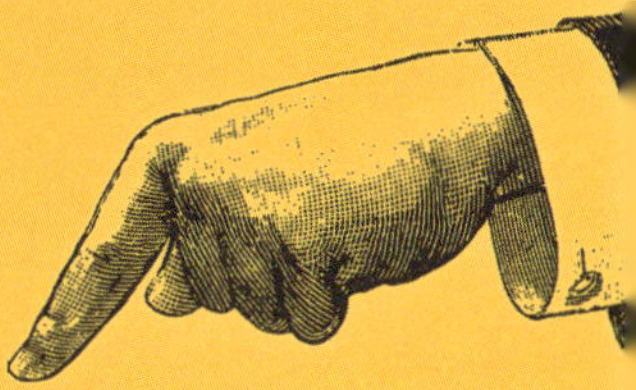

« Impossible à lire, je ne vois pas en quoi c'est drôle. »

MON AVIS

Facilité de lecture :
Extrêmement difficile à lire pour un lecteur non initié, car le livre est plein de références philosophiques, mythologiques, historiques ; les tournures de phrase sont longues, donc complexes.

Intérêt du fond :
Une fois que l'on comprend le message caché de l'auteur, l'ouvrage prend tout son sens !

Intérêt de la forme :
En première générale, on s'intéressera surtout à la dimension comique de l'œuvre, dans laquelle entre le vocabulaire scatologique.

L'Éducation nationale aurait-elle choisi cette œuvre pour finir de vous dégoûter de la littérature ? Je plaisante, bien sûr, mais je compatis avec le lycéen ou la lycéenne que vous êtes, qui ne lit peut-être jamais sur son temps libre et qui se retrouve face à ce monstre littéraire qu'est *Gargantua*. C'est pourquoi je vous conseille, même si vous n'allez pas au bout de votre lecture, d'attaquer le livre en ayant pris connaissance de la matière au préalable, si possible. Cela vous permettra d'ouvrir votre esprit au message que l'auteur véhicule entre les lignes.

PRÉSENTATION DE L'ŒUVRE

En 1534 est publié le roman *Gargantua*, signé par Alcofribas Nasier, anagramme de François Rabelais. Dans le prologue de l'auteur, ce dernier passe **un pacte avec son lecteur** : il l'invite à lire son œuvre avec la plus grande attention pour le message latent qu'il souhaite faire passer. Il l'avertit, au moyen de diverses métaphores, de la présence d'une leçon qu'il *doit* comprendre.

Rabelais propose, dans ce livre, une grande leçon de relativisme. Il nous dit que le monde change et qu'il faut évoluer avec lui. Alors, le meilleur moyen pour lui de défendre la modernité est de se livrer à une critique acerbe du modèle médiéval, et ce sur trois plans : l'éducation, la politique, la religion.

CRITIQUE DU MODÈLE ÉDUCATIF MÉDIÉVAL

Au Moyen Âge, l'éducation (donc le savoir) était entre les mains des religieux, de l'Église. Dans les chapitres 11 à 15 du roman, Rabelais dépeint le modèle éducatif médiéval, c'est-à-dire **l'éducation scolastique**, délivrée par les sophistes Thubal Holoferne et Jobelin Bridé.

> « Il comprit qu'il vaudrait mieux qu'il n'apprît rien que d'apprendre de tels livres avec de tels précepteurs. »

Il dénonce les absurdités de ce système éducatif qui reposait sur la récitation passive plutôt que sur la compréhension profonde. (C'est un peu comme quand je vous interdis d'apprendre par cœur, sans réfléchir !) Complètement inadapté aux besoins du jeune Gargantua, ce modèle ne lui permet pas de développer son esprit critique.

Pourtant, l'auteur croit en l'éducation comme clé de l'épanouissement individuel et collectif. Il n'est donc pas question de laisser le géant entre les mains des théologiens : Grandgousier, père de Gargantua, l'en arrache et l'envoie à Paris, chez Ponocrates, un précepteur humaniste qui fera de lui un grand érudit.

Sous sa tutelle (des chapitres 16 à 24), Gargantua doit d'abord désapprendre tout ce que les théologiens lui ont inculqué. Ce rejet total de l'éducation médiévale souligne ainsi la première opposition entre le Moyen Âge et la Renaissance.

« De l'application continue d'une telle méthode, il tirait profit – vous vous en doutez bien – comme peut le faire, en fonction de son âge, un homme jeune et sensé. »

Une fois que le cerveau de son élève est « nettoyé », Ponocrates l'éduque sur trois plans :

1. L'âme : il lui apprend la philosophie, la religion, il développe son esprit critique.

2. L'intellect : il lui apprend les sciences, les mathématiques, les arts, les belles lettres, proposant ainsi une gymnastique de l'esprit.

3. Le corps : il lui apprend l'éducation physique, cultivant « un esprit sain dans un corps sain ».

Ponocrates fait tout avec son élève, absolument tout : il continue d'apprendre et de réciter aux côtés de Gargantua, car il éprouve cette soif de connaissance, ce qui le distingue des maîtres précédents.

CRITIQUE DU MODÈLE POLITIQUE MÉDIÉVAL

À travers la guerre déclarée entre deux figures opposées dans *Gargantua*, Rabelais propose une critique subtile du modèle politique médiéval, incarné par le roi Picrochole. Celui-ci est présenté comme un roi fou, sot et sanguinaire. Il attaque les terres de son ami Grandgousier pour des raisons futiles, comme si on décidait aujourd'hui de déclarer la guerre à ceux qui parlent de « chocolatine » au lieu de « pain au chocolat » ! Ce passage est une critique du pouvoir absolu de ceux qui règnent sans foi ni loi.

Pour aller plus loin, les guerres picrocholines peuvent être mises en parallèle avec les conflits de l'époque, entre François Ier et Charles V, par exemple. À votre avis, qui se voit attribuer le rôle du roi sage ? C'est le roi de France, bien sûr, celui qui a importé la Renaissance depuis l'Italie en invitant Léonard de Vinci et les Médicis à la cour.

« Mon intention n'est pas de provoquer mais d'apaiser, ni d'attaquer mais de défendre, ni de conquérir mais de garder mes loyaux sujets et mes terres. »

Grandgousier, à l'inverse de Picrochole, veut être un roi juste et bon. Il règne en accord avec son peuple, s'entoure de conseillers avisés et respecte les lois de son pays. À travers lui, Rabelais suggère que la sagesse et la bienveillance devraient guider les dirigeants plutôt que la force brutale. Voilà une nouvelle opposition entre Moyen Âge et Renaissance.

CRITIQUE DE L'AUSTÉRITÉ RELIGIEUSE

Rabelais aborde la question religieuse en soulignant les excès de zèle du **clergé régulier**, incarné par les moines austères de l'abbaye de Seuilly. Celle-ci n'apparaît que pour permettre à l'auteur de se livrer à une sévère critique de la religion en tant qu'institution liberticide.
Dans les derniers chapitres de l'œuvre, l'auteur propose un nouveau modèle de clergé, le **clergé séculier**, fondé sur la tolérance et le respect de la liberté de chacun. Pour la première fois, on associe à la religion la notion de *liberté*. L'unique règle de l'abbaye, inscrite au fronton, est : « Fais ce que voudras ».

« Toute leur vie était régie non par des lois, des statuts ou des règles, mais selon leur volonté et leur libre arbitre. »

Encore une fois, la représentation des moines de l'abbaye de Thélème offre un contraste positif par rapport au modèle médiéval. Contrairement au fonctionnement des monastères traditionnels, les

Thélémites sont encouragés à sortir, à se marier, à se consacrer à l'étude et à la recherche du savoir, offrant ainsi une alternative à l'austérité des institutions religieuses de l'époque. En conclusion, l'abbaye de Thélème dans *Gargantua* représente elle aussi l'idéal humaniste de Rabelais, prônant la liberté, l'éducation et la tolérance.

LE STYLE DE RABELAIS

Mais pourquoi tant de subterfuges, pourquoi Rabelais ne peut-il pas simplement dire ce qu'il pense ? Ne perdons pas de vue la principale cible de son attaque : l'Église. Elle détient un pouvoir écrasant, si bien que la censure empêche tout auteur de critiquer l'ordre établi. Alors Rabelais cache sa leçon de relativisme sous une remarquable couche de **comique rabelaisien**. Oui, je sais, vous avez du mal à percevoir ce qu'il y a de drôle lorsque la jument de Gargantua urine sur la ville de Paris. Ici, nous avons affaire au comique de geste.

> « Alors que je me fientais derrière un buisson, je trouvai un chat de mars et m'en torchai, mais ses griffes m'ulcérèrent tout le périnée. »

De même, le recours au vocabulaire scatologique est un autre marqueur du style comique de Rabelais. En utilisant un langage cru et grotesque, l'auteur choque les conventions littéraires de son époque tout en créant un effet de surprise. Le vocabulaire scatologique fait partie du comique de mots.
Enfin, le comique de caractère est sans doute celui que l'on retient le mieux de cette analyse de l'œuvre : les personnages dans *Gargantua* sont caricaturaux, poussés à l'extrême. Rabelais tourne en ridicule les pratiques de ses protagonistes et donne ainsi à voir leurs défauts, afin que le lecteur en tire un enseignement moral. C'est la fameuse expression latine *castigat ridendo mores,* qui signifie « corriger les mœurs (donc les hommes) par le rire ».

UN AUTEUR EN LIEN : MONTESQUIEU

Les philosophes des Lumières héritent directement des humanistes de la Renaissance, notamment dans leur volonté d'éveiller l'esprit critique des hommes de leur temps. Malgré deux siècles de décalage, Montesquieu s'estime très proche de Montaigne : comme lui, il se montre curieux de tout.
En 1721, il se fait connaître par *Les Lettres persanes*, un ouvrage qui témoigne de son goût pour l'observation des mécanismes sociaux. Il y présente deux Persans qui, par curiosité intellectuelle, quittent la Perse (actuel Iran) pour explorer la France. Ils écrivent des lettres à leurs amis restés au pays, décrivant leur émerveillement face à la France entre 1711 et 1720.

> « Ce roi est un grand magicien : il exerce son empire sur l'esprit même de ses sujets ; il les fait penser comme il veut. S'il n'a qu'un million d'écus dans son trésor et qu'il en ait besoin de deux, il n'a qu'à leur persuader qu'un écu en vaut deux ; et ils le croient. S'il a une guerre difficile à soutenir, et qu'il n'ait point d'argent, il n'a qu'à leur mettre dans la tête qu'un morceau de papier est de l'argent ; et ils en sont aussitôt convaincus. »

Ce cadre narratif illustre le **déplacement de point de vue** auquel prétend Montesquieu : l'auteur veut que les Français se mettent à la place d'étrangers et voient leur pays avec des yeux nouveaux, qu'ils prennent du recul par rapport à ce qu'ils considèrent comme normal. Les Persans, avec leur regard faussement naïf, offrent à Montesquieu l'occasion de se moquer des institutions et des mœurs de l'époque, à commencer par la monarchie et la religion.

Sachant que le contenu de son livre ne passera pas la censure, il le fait imprimer ailleurs, en cachant son nom, mais tout le monde en France sait qu'il en est l'auteur.

« LE RIRE DE RABELAIS EST EN GRANDE PARTIE UN SUPERBE DÉGUISEMENT POUR ESSAYER DE DÉTOURNER LES ENNEMIS, BROUILLER LES PISTES, ÉVITER LES CENSURES SI TERRIBLES ALORS. »

DANS QUELLE MESURE CE PROPOS DE MICHEL BUTOR DANS *RÉPERTOIRE II* S'APPLIQUE-T-IL À VOTRE LECTURE DE *GARGANTUA* ?

Je reformule : Dans quelle mesure le rire est-il un moyen pour Rabelais de délivrer un message subversif au XVIe siècle ?

I. Rabelais cache, sous le rire, une critique latente de la société de son temps.

A. D'abord, il propose une critique politique des figures monarchiques de son temps et des guerres de religion.

→ Exemple : en tournant en ridicule le personnage de Picrochole.

B. Ensuite, il propose une critique religieuse du clergé de l'époque.

→ Exemple : en tournant en ridicule les moines de l'abbaye de Seuilly.

II. Certes, Rabelais utilise le rire à des fins satiriques, mais celui-ci est également le meilleur moyen de divertir le lecteur.

A. Rabelais amuse le lecteur en se moquant des excès de ses personnages.

→ Exemple : comique de caractère, comique de geste.

B. Rabelais amuse le lecteur en lui donnant à voir cette esthétique du carnavalesque.

→ Exemple : comique de mots, comique de situation.

III. Surtout, le rire est l'occasion de proposer de nouvelles valeurs, en l'occurrence les valeurs humanistes.

A. L'auteur souhaite proposer une nouvelle forme d'éducation, reposant sur 3 piliers : le corps, l'esprit et l'âme.

→ Exemple : éducation humaniste de Ponocrates (chapitre 23).

B. Il souhaite donner au lecteur une leçon de relativisme (accepter que le monde d'avant puisse être remis en question par le monde actuel).

→ Exemple : prologue de l'auteur.

PLAN D'ESSAI

DANS UN MONDE QUI CHANGE, A-T-ON FORCÉMENT BESOIN D'UNE ÉDUCATION NOUVELLE ?

Je reformule : Au fur et à mesure que la société évolue, devient-il nécessaire de moderniser l'éducation ?

I. Il va de soi que l'éducation doit s'adapter et évoluer avec son temps.

A. Le rôle de l'éducation est de considérer les nouvelles attentes du monde extérieur et de s'y adapter.

B. Il est toujours nécessaire d'inclure des éléments qui parlent à l'apprenant pour le faire réfléchir. Par exemple, il peut s'agir de débats stimulants sur l'actualité.

C. Dans son fonctionnement, l'éducation passe par l'utilisation des nouveaux outils, c'est-à-dire des nouvelles technologies. (À l'époque de *Gargantua*, c'est l'imprimerie.)

II. Cependant, il existe un socle intemporel dans lequel est ancrée l'éducation.

A. Depuis toujours et à jamais, l'éducation doit transmettre des valeurs universelles, telles que la liberté, la justice, la tolérance et la solidarité.

B. Depuis toujours et à jamais, l'éducation doit développer l'esprit critique des élèves, leur capacité à penser par eux-mêmes et à se forger leur propre opinion.

C. Depuis toujours et à jamais, l'éducation doit favoriser l'épanouissement de l'individu, permettre à chacun de réaliser son potentiel et de trouver sa place dans la société.

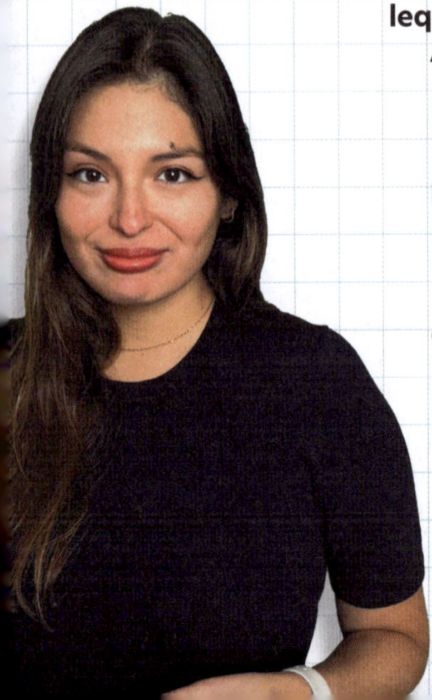

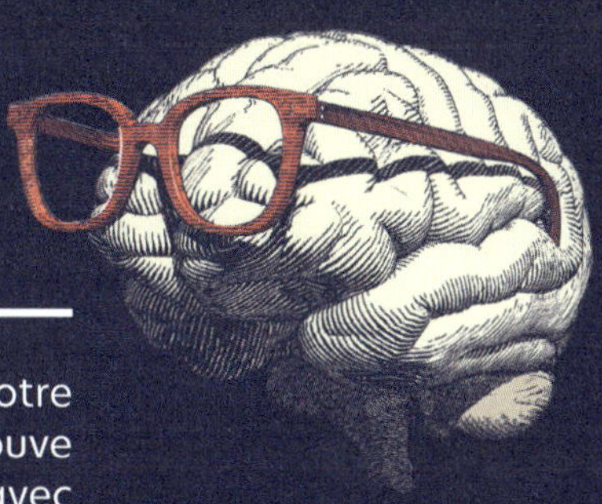

POINT MÉTHODE
L'ANALYSE DU SUJET

L'analyse du sujet est une étape cruciale de votre dissertation ou de votre essai. C'est là que se trouve le risque de hors-sujet ! Mais pas de panique, avec cette méthode vous n'aurez aucun mal à décortiquer un sujet mot par mot et à garder le fil conducteur en tête. Il va de soi que vous ferez ce travail au brouillon.

En filière techno, le sujet se présente sous forme d'une question directe. En revanche, en première de la filière générale, c'est une question ou bien une citation qu'il faudra commenter. Voici la méthode pour analyser une question directe. Vous trouverez mes conseils de méthode pour analyser une citation à la fin du chapitre 7.

EN CAS DE QUESTION DIRECTE

Dans un monde qui change, a-t-on forcément besoin d'une éducation nouvelle ?

À NE PAS FAIRE

« Nous nous demanderons si nous avons forcément besoin d'une éducation nouvelle dans un monde qui change. »

Reprendre la question telle quelle, la copier-coller ! Il faut analyser le sujet avant de proposer une reformulation de la question.

À FAIRE

1. Surligner tous les mots-clés de la question.
2. Leur trouver un synonyme.
3. Reformuler la question en changeant l'ordre des mots si nécessaire.

Dans un monde qui change, a-t-on forcément besoin d'une éducation nouvelle ?

→ Au fur et à mesure que la société évolue, devient-il nécessaire de moderniser l'éducation ?

XVe XVIe XVIIe

MONTAIGNE

ET LA NATURE HUMAINE

LA NATURE HUMAINE, QU'EST-CE QUE C'EST ?

Avez-vous déjà pensé « cette personne est profondément gentille » ou « cette autre personne est profondément méchante » ? Quand je pense d'une personne qu'elle est profondément gentille, j'ai l'impression qu'elle est *naturellement* portée vers la bonté, la compassion. À l'inverse, quand je pense d'une autre personne qu'elle est profondément mauvaise, j'ai l'impression qu'elle est *naturellement* portée vers la cruauté, la malveillance.
Ainsi, vous vouliez sans doute dire qu'elle était *de nature* gentille ou qu'elle était *de nature* mauvaise.

> « Il est dans la nature humaine de penser sagement et d'agir d'une façon absurde. »
> Anatole France, *Le Livre de mon ami*

La nature humaine fait référence à notre for intérieur, ce qui nous constitue. Et puisque nous sommes des êtres complexes, pleins de qualités mais aussi de défauts, il est important de se rappeler que la nature humaine est **complexe**, ni toute blanche ni toute noire. La nature humaine est un mélange de forces opposées. Nous sommes tous capables de nous laisser guider par ce qu'il y a de bon ou de mauvais en nous.

ET À L'ÉPOQUE ?

La Renaissance est une période de renouveau intellectuel et culturel qui se caractérise par le **mouvement humaniste**. Et dans *humaniste*, il y a *humain*. Ce courant met l'homme au centre de toutes les préoccupations, et s'intéresse donc à la nature humaine.

« La liberté est donc naturelle ; c'est pourquoi, à mon avis, nous ne sommes pas seulement nés avec elle, mais aussi avec la passion de la défendre. »
Étienne de La Boétie,
Discours de la servitude volontaire

Les penseurs de la Renaissance cherchent à comprendre ce qui définit l'essence de l'homme, ses capacités, ses aspirations, ses limites. Alors pour mieux le cerner, ils rapprochent spontanément la nature humaine de la **nature végétale** : cette dernière est un symbole de croissance et de développement. Les plantes se développent et évoluent constamment, tout comme l'homme. Or si l'homme est un être naturel, soumis aux mêmes lois que le reste du monde naturel, alors la nature doit être une source d'inspiration et de sagesse pour lui.

MICHEL DE MONTAIGNE (1533-1592)

Montaigne, notamment, a utilisé le genre de l'essai pour exprimer ses réflexions sur la condition humaine. Juriste de formation, il ne se sent pas tout à fait à sa place et décide de se retirer dans son château en 1570. Commence alors une nouvelle période, liée à l'écriture, aux voyages, à la méditation. Il veut **réfléchir**, être seul. Il commence à écrire en 1570 mais il ne publie qu'en 1582 les livres I et II de ses *Essais* et attend 1588 pour ajouter un troisième livre.

« Je veux qu'on m'y voie en ma façon simple, naturelle et ordinaire, sans contention et artifice : car c'est moi que je peins. »
Au lecteur

C'est Montaigne qui invente le genre de l'essai. *Les Essais*, comme leur nom l'indique, sont des expériences. L'auteur parle de lui, met à nu ses réflexions sur le monde. C'est avant tout une **quête de connaissance**, de vérité, de savoir. On ne peut jamais connaître quelque chose à 100 %, nous dit Montaigne. Il crée ainsi un espace où l'individu peut se révéler, avec toutes ses complexités et ses contradictions.

ESSAIS, EN QUÊTE DE CONNAISSANCE

Au XVIe siècle, l'exploration de l'Amérique met les Européens en contact direct avec une nouvelle culture et une nouvelle façon de vivre. Cette découverte inspire Montaigne, qui cherche à se connaître lui-même et trouve dans l'autre un moyen de se comprendre, lui et sa culture.

> Dans *Le Dernier Samouraï* (2003), Tom Cruise joue le rôle d'un capitaine de l'armée américaine qui ne supporte pas les atrocités qu'il a pu faire à la guerre. En mission au Japon, il se fait capturer par des samouraïs, qui l'emmènent dans un village où il les voit tous les jours se préparer à la guerre. Alors qu'il ne se supportait plus, il trouve la paix dans les valeurs et le mode de vie de ses anciens ennemis. Au contact des samouraïs, il se redécouvre et se réconcilie avec lui-même.

Montaigne prône la tolérance et l'ouverture d'esprit. Il est convaincu que l'homme doit apprendre à **connaître les autres cultures pour mieux se comprendre lui-même**, et va même jusqu'à dire qu'elles ont beaucoup à nous apprendre. Ainsi, la confrontation avec l'Amérique sert de point de départ à une réflexion profonde sur la nature humaine.

UNE LEÇON D'HUMILITÉ

« Ils sont sauvages, de même que nous appelons sauvages les fruits que nature [...] a produits. »

Montaigne lit beaucoup au sujet du Nouveau Monde. Dans les comptes rendus des explorateurs, l'auteur apprend que les indigènes vont nus, qu'ils ne connaissent pas la civilisation, qu'ils vivent **en harmonie avec la nature**. Pour ces raisons, ils sont traités de barbares, de sauvages. Seulement voilà : à l'origine, *barbarus* désigne tous les peuples ni grecs ni romains, et signifie simplement « étranger ». Il n'y avait pas, dans l'Antiquité, de connotation péjorative à être appelé *barbare*.

De plus, Montaigne se rend compte que les Indiens ne sont pas plus sauvages que les Européens : vivant sans argent, ils ne connaissent pas la corruption, la malhonnêteté, le vice. Au contraire, il voit l'Amérique comme un endroit encore en équilibre, à l'état de nature.

L'auteur remet en question la prétendue supériorité de l'Occident en soulignant que ***nous*** **pourrions bien être les véritables barbares**, et nous penserions détenir la seule vérité parce que nous nous considérons comme supérieurs aux Indiens. (Quand je dis *nous*, je fais référence à l'Occident.) Il contribue donc à l'émergence d'une nouvelle conception de l'homme, plus ouverte et plus tolérante.

LA NATURE HUMAINE, BONNE OU MAUVAISE ?

Montaigne ne donne pas de réponse définitive à la question de savoir si la nature humaine est bonne ou mauvaise. Il y réfléchit, car d'après lui il est important de l'envisager dans sa globalité. En effet, Montaigne considère la nature humaine comme un **mélange de bien et de mal** : elle serait à la fois source de bonté et de bienfaits, mais aussi source de violence et de cruauté. L'humain est capable de commettre des actes atroces, comme il peut connaître des moments de bienveillance.

Vous avez peut-être déjà remarqué que quelquefois, il est difficile de se positionner sur la nature d'une personne, parce qu'elle montre des facettes de sa personnalité qui peuvent être vues comme contradictoires.

Par exemple, le personnage de Loki, frère adoptif de Thor dans l'univers Marvel, est présenté comme ambigu : tantôt il incarne le vilain de l'histoire, le frère jaloux et égoïste qui n'hésite pas à trahir une personne qui ne l'a jamais abandonné, tantôt il est montré comme un être vulnérable qui fait simplement taire ses émotions mais qui est capable de se sacrifier pour ceux qu'il l'aime. Il reflète ce qu'on appelle un personnage complexe. Alors, bon ou mauvais ?

NATURE *VS* CULTURE

« Ces nations me semblent donc ainsi barbares, pour avoir reçu fort peu de leçon de l'esprit humain, et être encore fort voisines de leur naïveté originelle. »

Cependant, on peut dire que Montaigne penche davantage vers une conception positive de la nature, car dans l'idée qu'il s'en fait, il y a une **notion de pureté**, d'innocence. Montaigne voit les Amérindiens comme une représentation plus pure de la nature humaine car plus proches de la nature verte. Ils vivent en harmonie avec la nature, et ils sont libres des vices de la civilisation.
En ce sens, *nature* s'oppose à *culture*. Est naturel ce qui est encore à l'état brut, ce qui n'a pas été apprivoisé par l'homme : une terre qui n'a pas été cultivée, un chien qui n'a pas été domestiqué. La civilisation, **la culture de l'homme *gâche* la nature**, d'après Montaigne.

XIXe XXe

UN AUTEUR EN LIEN : JEAN-JACQUES ROUSSEAU

Deux siècles plus tard, Rousseau (1712-1778) va plus loin dans cette dernière conception de la nature. D'après Rousseau, **l'humain est bon par nature** : il naîtrait innocent. Beaucoup d'entre nous pensent d'ailleurs la même chose. C'est vrai, la mort de 1 000 enfants nous touche davantage que la mort de 1 000 adultes, et pourquoi ? Parce qu'on se dit que c'est injuste, qu'ils n'ont rien fait pour mériter cela, qu'ils sont innocents. Alors pourquoi les adultes nous touchent-ils moins ? Seraient-ils mauvais ? Rousseau pense que la société contribue à rendre l'homme mauvais, même si sa nature est bonne. La propriété privée, la guerre, l'inégalité le poussent à être égoïste, compétitif, et violent.

« Qu'il sache que l'homme est naturellement bon, qu'il le sente [...] mais, qu'il voie comment la société déprave et pervertit les hommes. »

Émile ou De l'Éducation, une de ses œuvres les plus connues, est un traité d'éducation. Le philosophe imagine un enfant qu'il fait éduquer par un précepteur (c'est-à-dire un professeur). Dès le berceau, celui-ci est chargé de **préserver le caractère naturel** chez l'enfant. Rousseau veut garder le plus possible le caractère vierge de l'humain.
Pour ce faire, l'auteur élève l'enfant dans la nature, loin des influences de la société qui l'empêchent de découvrir le monde par lui-même. Ce qu'il veut montrer à Émile, c'est comment l'humain doit se débrouiller seul, confronté aux lois naturelles et non aux lois de la civilisation.

XVe XVIe XVIIe

Alors il prétend qu'on ne peut jamais interdire pour interdire. On ne peut empêcher un enfant d'agir que s'il y a une justification, une motivation naturelle. Par exemple, si Émile a envie de casser son carreau de fenêtre, il faut le laisser faire : il se fera mal et, avec un peu de chance, il aura froid si c'est l'hiver. Au lieu de lui dire qu'il faut apprendre les points cardinaux, il lui fait faire une promenade : Emile se perd dans la nature et, quand vient le temps de rentrer, il se rend compte que cette connaissance est effectivement nécessaire.

Rousseau veut bannir l'interdiction arbitraire et **prôner la nécessité naturelle**. Cela fait de lui une figure très moderne car, selon les principes d'éducation récente, il est interdit d'interdire !

Texte original

Au demeurant, si c'est de nous que nous tirons le règlement de nos mœurs, à quelle confusion nous rejetons-nous ! Car ce que notre raison nous y conseille de plus vraisemblable, c'est généralement à chacun d'obéir aux lois de son pays, comme est l'avis de Socrate inspiré, dit-il, d'un conseil divin. Et par là que veut-elle dire, sinon que notre devoir n'a autre règle que fortuite ? La vérité doit avoir un visage pareil et universel. La droiture et la justice, si l'homme en connaissait qui eût corps et véritable essence, il ne l'attacherait pas à la condition des coutumes de cette contrée ou de celle-là ; ce ne serait pas de la fantaisie des Perses ou des Indes que la vertu prendrait sa forme. Il n'est rien sujet à plus continuelle agitation que les lois. Depuis que je suis né, j'ai vu trois et quatre fois rechanger celles des Anglais, nos voisins, non seulement en sujet politique, qui est celui qu'on veut dispenser de constance, mais au plus important sujet qui puisse être, à savoir de la religion. De quoi j'ai honte et dépit, d'autant plus que c'est une nation à laquelle ceux de mon quartier ont eu autrefois une si privée accointance, qu'il reste encore en ma maison aucunes traces de notre ancien cousinage. Et chez nous ici, j'ai vu telle chose qui nous était capitale devenir légitime ; et nous, qui en tenons d'autres, sommes à même, selon l'incertitude de la fortune guerrière, d'être un jour criminels de lèse-majesté humaine et divine, notre justice tombant à la merci de l'injustice, et, en l'espace de peu d'années de possession, prenant une essence contraire.

Comment pouvait ce dieu ancien plus clairement accuser en l'humaine connaissance l'ignorance de l'être divin, et apprendre aux hommes que la religion n'était qu'une pièce de leur invention, propre à lier leur société, qu'en déclarant, comme il fit, à ceux qui en recherchaient l'instruction de son trépied, que le vrai culte à chacun était celui qu'il trouvait observé par l'usage du lieu où il était ? Ô Dieu ! quelle obligation n'avons-nous à la bénignité de notre souverain créateur pour avoir déniaisé notre créance de ces vagabondes et arbitraires dévotions et l'avoir logée sur l'éternelle base de sa sainte parole !
Que nous dira donc en cette nécessité la philosophie ? Que nous suivions les lois de notre pays ? C'est-à-dire cette mer flottante des opinions d'un peuple ou d'un prince, qui me peindront la justice d'autant de couleurs et la reformeront en autant de visages qu'il y aura en eux de changements de passion ?

Je ne puis pas avoir le jugement si flexible. Quelle bonté est-ce que je voyais hier en crédit, et demain plus, et que le trait d'une rivière fait crime ?
Quelle vérité que ces montagnes bornent, qui est mensonge au monde qui se tient au-delà ?

MONTAIGNE, *Essais*, II, 12,
« Apologie de Raymond Sebond »

464 mots

Résultat de ma contraction

Nous allons droit vers la confusion, si nous tirons nos règles morales de nous-mêmes. En effet, la raison conseille généralement d'obéir aux lois du pays, mais notre devoir dépendrait alors de règles hasardeuses. Pour être droite, la justice doit être un concept universel. Il se trouve en effet que les lois locales sont sujettes à des changements trop fréquents : ce qui était juste hier peut devenir criminel demain.
Dès lors, comment s'en sortir ? Suivre les lois de notre territoire revient à adhérer à des opinions fluctuantes, car la justice se soumet aux changements dictés par un souverain. Je ne peux me résoudre à me laisser guider de la sorte.
La vérité ne doit-elle pas s'avérer juste dans ce pays comme dans un autre ?

123 mots

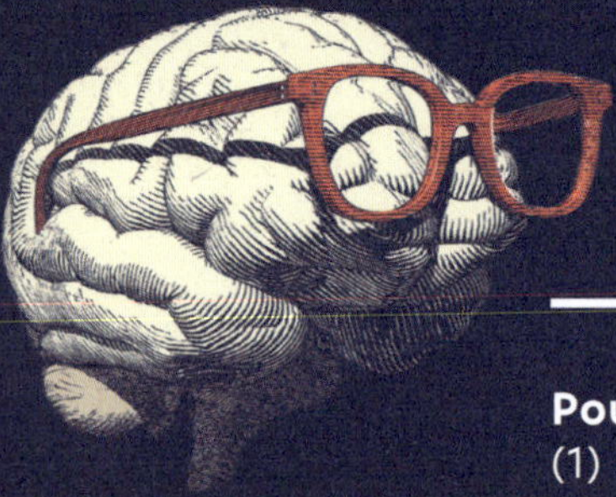

POINT MÉTHODE
LES 4 CONTRAINTES DE LA CONTRACTION

Pour rappel, contracter un texte, c'est réussir à (1) synthétiser un propos et (2) reconstruire une argumentation. La consigne exige de vous, les Premières techno, que vous réduisiez un texte au quart, mais comme l'Éducation nationale a bien conscience de la difficulté à se tenir strictement à un nombre de mots déterminé, vous avez droit à une marge de 10 % : si votre texte compte initialement 1 000 mots, il va falloir restituer la pensée de l'auteur en environ 250 mots (vous pouvez descendre à 225 et monter à 275).

Le copier-coller est évidemment totalement interdit ! Vous devez absolument respecter quatre éléments du texte original :

1. LE CONTENU

À FAIRE : Par contenu, j'entends la thèse de l'auteur, ses arguments, son intention.

À NE PAS FAIRE : Aucune intervention de votre part n'est requise, vous n'avez pas à donner votre avis sur le propos de l'auteur.

2. L'ÉNONCIATION

À FAIRE : Qui parle ? À qui il parle ? S'il s'exprime à la première personne, vous devez maintenir cette énonciation. S'il s'adresse à quelqu'un, vous devez le faire ressortir également.

À NE PAS FAIRE : « L'auteur dit que... »

3. LA STRUCTURE

À FAIRE : Il va falloir respecter l'ordre dans lequel le propos est présenté.

À NE PAS FAIRE : Ce n'est pas à vous de juger que telle thèse était plus importante que la précédente et qu'il faut donc la changer de place.

4. LE STYLE

À FAIRE : L'examinateur compte sur vous pour utiliser le même registre que l'auteur : piquant, pathétique, ironique, comique...

À NE PAS FAIRE : Je sais que ce n'est pas très naturel, mais il faut vraiment éviter de rapporter un discours plat et lisse. Mettez-vous à la place de l'auteur !

MOLIÈRE, CORNEILLE
ET LE COMIQUE

LE COMIQUE, QU'EST-CE QUE C'EST ?

Le registre comique s'exprime dans des genres variés, tels que le théâtre, le roman, ou encore la poésie. Dans ce chapitre, nous allons nous intéresser au théâtre.

« Je voudrais bien savoir si la grande règle de toutes les règles n'est pas de plaire et si une pièce de théâtre qui a attrapé son but n'a pas suivi un bon chemin. »
Molière, *La Critique de L'École des femmes*

Sur scène, la comédie établit une réelle **relation avec le spectateur** : les personnages l'amusent, le font rire. Ces personnages, d'ailleurs, se présentent comme des types psychologiques (l'innocent, l'amoureux, le bouffon) ou des types sociaux (le maître, le valet, la nourrice). À ces types, le dramaturge affecte une **fonction spécifique** : la nourrice sert souvent de confidente à sa maîtresse, le valet d'auxiliaire à son maître, le père ou la mère d'obstacle à l'amour...
L'intrigue, souvent sentimentale, repose sur un conflit ou un mensonge entre les personnages principaux. Mais quel que soit l'obstacle à surmonter, le dénouement (c'est-à-dire la fin de l'histoire) y est généralement heureux.
Le registre comique s'appuie sur une variété de procédés, tels que l'humour, l'ironie, l'absurde, ou encore le burlesque. Le rire développé dans la comédie peut être innocent, comme il peut être utilisé pour dénoncer les vices et les ridicules de la société.

ET À L'ÉPOQUE ?

Au XVIIe siècle, la comédie obtient ses lettres de noblesse. Jusque-là, c'est en effet la tragédie qui domine la scène théâtrale, la comédie étant considérée comme un **genre mineur**, inférieur. Les nobles aiment être aperçus au théâtre, mais certainement pas pour aller voir une comédie, trop populaire pour eux (*populaire* au sens de « peuple ») ! Ce jugement de valeur remonte à l'Antiquité, quand Aristote oppose la tragédie, genre supérieur de par sa vocation d'éduquer son public (voir chapitre 4), à la comédie, genre inférieur qui ne prête *qu'*à rire, se moquer, ridiculiser.
Le roi Louis XIV donne sa chance à la comédie, qu'il apprécie au plus haut point. Et si le roi aime, tout le monde aime ! La comédie gagne en prestige et devient un genre littéraire à part entière, auquel les nobles et les lettrés modernes s'intéressent de plus en plus. Enfin, ils reconnaissent en le père de la comédie un génie littéraire.

MOLIÈRE (1622-1673)

> « C'est une étrange entreprise que celle de faire rire les honnêtes gens. »
> Molière, *La Critique de L'École des femmes*

De son vrai nom Jean-Baptiste Poquelin, Molière est à l'origine du succès de la comédie. En 1658, la troupe qu'il a créée vingt ans plus tôt devient officiellement la « Troupe du roi ». Lui-même comédien, metteur en scène, directeur de troupe, Molière est un homme de théâtre avant tout. Il veut être joué, et non laisser une œuvre derrière lui. Il cultive plusieurs types de comédies comme la **grande comédie de caractère et de mœurs** (*L'Avare, Tartuffe, Dom Juan*) ou encore la **comédie-ballet** (*Le Bourgeois gentilhomme, Le Malade imaginaire*).
Son théâtre se destine aussi bien à la cour qu'au peuple, mais trouve aussi un public plus hostile : certes, ses pièces plaisent par leur aspect comique,

mais elles délivrent aussi un **message sérieux** sur la façon dont ses contemporains se comportent. En effet, il se moque dans son théâtre de toutes les classes sociales, même du clergé ; personne n'y échappe. Il s'impose comme une formidable machine à critiquer les travers de son époque : son théâtre caricature la société, et en dénonce les vices et les faux-semblants.

Le Malade imaginaire

« C'est juste une pièce comme une autre non ? »

MON AVIS

FACILITÉ DE LECTURE ★★★★☆
Le vocabulaire paraît parfois compliqué dans la bouche des médecins, mais rassurez-vous, c'est précisément le but ! Concentrez-vous sur l'intrigue, leurs paroles sont souvent vides de sens.

INTÉRÊT DU FOND ★★★★☆
Ce qu'il y a d'intéressant dans l'histoire racontée, c'est le mélange de léger et de sérieux, c'est là que l'on viendra vous chercher.

INTÉRÊT DE LA FORME ★★★☆☆
En plus du registre comique, les profs s'intéressent beaucoup aux intermèdes et au prologue, même si cela ne fait pas toujours avancer l'intrigue.

N'hésitez *vraiment* pas à regarder la pièce sur Internet, si vous n'arrivez pas à vous plonger dans la lecture. Molière n'a pas pour but d'être lu mais d'être regardé, donc ce sera encore mieux que de lire la pièce ! Et ce qui est bien avec Molière, c'est que connaître une seule de ses pièces, c'est les comprendre toutes, dans la démarche.

LE MALADE IMAGINAIRE, PRÉSENTATION DE L'ŒUVRE

Écrit en 1673, *Le Malade imaginaire* est l'une des œuvres les plus célèbres de Molière. Cette comédie-ballet en trois actes combine les talents de Molière en tant que dramaturge et ceux de Marc-Antoine Charpentier en tant que musicien. Il s'agit de la dernière pièce de l'auteur, qui meurt pratiquement sur scène, en jouant le rôle d'Argan : il fait un malaise et meurt chez lui quelques heures plus tard.

La pièce raconte l'histoire d'Argan, un bourgeois hypocondriaque qui passe son temps à consulter ses médecins. En réponse à cela, Monsieur Purgon et Monsieur Diafoirus le soumettent à des traitements inutiles et coûteux. Argan a très peur de la mort, mais refuse de dépenser tout son argent en médicaments. Alors, il veut marier sa fille Angélique au fils de son médecin, Thomas Diafoirus, afin de bénéficier de soins médicaux gratuits. Cependant, Angélique est amoureuse de Cléante. Ici, le conflit entre le désir d'Argan et celui de sa fille crée des situations comiques. Pour empêcher le mariage, Angélique fait appel à Toinette, la servante d'Argan. Celle-ci lui fait remettre en question l'autorité des médecins et rend ainsi possible une fin heureuse pour Argan et Angélique.

LE COMIQUE INNOCENT

Molière adopte l'humour de la *commedia dell'arte* italienne, à laquelle il emprunte l'exagération, la caricature et le burlesque. Le dramaturge français propose une œuvre éminemment comique par sa diversité. En effet, il utilise dans *Le Malade imaginaire* différents types de comique :

- **Le comique de caractère** : il aime caricaturer les défauts de *tous* ses personnages, afin de les rendre encore plus risibles.

→ Argan l'hypocondriaque, Purgon et Diafoirus les pédants incompétents, Toinette la servante insolente...

• **Le comique de répétition :** il utilise la répétition pour créer un effet d'accumulation, qui peut être comique ou absurde, ou les deux.

→ La scène d'exposition montre Argan en train de compter ses sous et le nombre de lavements qu'il a subis le mois précédent.

• **Le comique de mots** : il utilise un langage riche en jeux de mots et en répliques humoristiques.

→ Les médecins parlent en latin, par exemple, et utilisent des mots volontairement complexes pour se faire passer pour des savants.

• **Le comique de situation :** il crée des situations cocasses et des quiproquos pour susciter le rire.

→ Argan se fait passer pour mort pour entendre la réaction de sa femme et de sa fille, Toinette trompe Argan en se déguisant en médecin...

• **Le comique de geste** : dans les didascalies, il indique à ses comédiens de faire rire par des gestes absurdes ou déplacés.

→ Argan poursuit Toinette qu'il veut frapper avec son bâton, Toinette feint de vouloir prendre le pouls à Argan...

Maître absolu du rire, Molière utilise tous les types de comique pour divertir son public.

LE COMIQUE SATIRIQUE

Si Molière fait rire son public, c'est parce qu'il n'hésite pas à ridiculiser ses personnages. Ceux-ci sont poussés à la caricature et **critiqués pour leurs excès**. Molière les tourne en dérision et montre les travers de la société qu'ils incarnent. Si ses pièces lui valent des ennuis, c'est parce qu'il brosse un portrait critique de la société. En l'occurrence, *Le Malade imaginaire* vise la classe bourgeoise.

> « MONSIEUR DIAFOIRUS. – Ce qu'il y a de fâcheux auprès des grands, c'est que, quand ils viennent à être malades, ils veulent absolument que leurs médecins les guérissent. »

Dans *Le Malade imaginaire*, Molière s'attaque à l'hypocrisie et aux abus de **la médecine**. Il se moque des médecins, qui sont souvent plus intéressés par l'argent que par la santé de leurs patients. Le dramaturge met en scène des médecins charlatans, qui se disent savants mais qui sont en réalité complètement ignorants. Il souligne ainsi les dangers de la crédulité face à des pratiques médicales douteuses.
À travers le personnage central, Argan, celui qui s'imagine malade, Molière expose comment les individus peuvent être manipulés par des médecins peu scrupuleux. Molière utilise le comique pour dénoncer l'hypocrisie des médecins. Par exemple, les trois médecins utilisent une langue savante et jargonnesque pour s'adresser aux autres. Celle-ci est incompréhensible pour Argan, qui est impressionné par leur niveau de connaissance !

> « ARGAN. – C'est pour moi que je lui donne ce médecin, et une fille de bon naturel doit être ravie d'épouser ce qui est utile à la santé de son père. »

Molière dénonce également **le mariage arrangé**. Argan veut marier sa fille Angélique à un médecin, Thomas Diafoirus, pour qu'il puisse prendre soin de lui. Angélique, quant à elle, est amoureuse de Cléante, un jeune homme qui n'est pas médecin. Molière montre le mariage arrangé comme une institution qui peut être contraignante et injuste. Angélique est victime des intérêts égoïstes de son père, qui ne pense qu'à sa propre santé.
Molière utilise le comique pour dénoncer le mariage arrangé. Par exemple, dans l'acte II, scène 5, Thomas Diafoirus se présente à Argan, Béline et Angélique. Seulement voilà, il ignore qui est qui, et s'adresse à Béline au lieu de s'adresser à Angélique, qu'il n'a jamais vue. Il lui a pourtant écrit une tirade de convenances qu'il a apprise par cœur ! Il s'agit d'une critique sociale importante, car elle montre

que le mariage arrangé peut entraver le bonheur des individus.
Bref, vous l'aurez compris, Molière utilise le comique pour dénoncer les vices et les faux-semblants de la société de son temps.

LE COMIQUE LIBÉRATEUR

« Voir les choses en farce est le seul moyen de ne pas les voir en noir.
Rions pour ne pas pleurer. »
Flaubert, *Correspondance*

Le rire chez Molière est libérateur : il permet aux spectateurs de prendre de la distance vis-à-vis des problèmes qu'ils rencontrent au quotidien, comme la maladie, la mort, les vices cachés des hommes. Il leur permet de rire de ce qui est ridicule, et de voir les choses sous un angle nouveau. Le burlesque est une forme de comique qui repose sur le **décalage entre la tonalité comique et la morosité du sujet traité**, en l'occurrence la peur de la mort. Oui, Molière crée des situations absurdes et grotesques, qui font rire le public, mais elles lui permettent également de prendre conscience des problèmes révélés. Seulement, l'auteur ne se contente pas de critiquer la société de son temps. Il voit également le rire comme une **force positive**, pouvant contribuer aux changements d'une société. Le rire est une forme de *catharsis*, d'exutoire qui permet de libérer les émotions négatives. Il peut être un moyen de créer un sentiment de communauté, en réunissant les gens autour d'un rire partagé.
Le rire libérateur de Molière est une composante essentielle de son œuvre. Il permet aux spectateurs de se divertir, de se détendre, de se connecter aux autres.

UN SPECTACLE COMPLET

D'après Aristote, il y a deux manières de représenter poétiquement :

1. raconter une histoire (c'est le rôle du roman) ;

2. représenter des personnages en action en train de dialoguer (c'est le rôle du théâtre).

Molière est une bête de spectacle ; ce n'est pas pour rien qu'il mêle les arts du théâtre, de la musique et de la danse dans sa pièce. Il envisage le théâtre comme un art, qu'il célèbre à chaque instant, notamment au moyen de la **mise en abyme**. Le concept du «théâtre dans le théâtre» inclut une représentation théâtrale à l'intérieur même de l'intrigue principale, qui est déjà mise en scène. Par exemple, dans les intermèdes, les personnages se donnent en spectacle : le deuxième intermède met en scène des danseurs que Béralde fait venir pour distraire son frère, Argan. Le spectateur regarde une représentation théâtrale où Argan regarde une représentation dansante.

C'est également le cas quand Toinette se fait passer pour un médecin : elle joue un autre rôle que le sien. Il y a donc deux niveaux de théâtre. Admettons que la comédienne qui joue le rôle de Toinette en 1673 s'appelle Lise. Alors qu'elle est dans le rôle de la servante, elle décide d'en changer : elle se déguise en médecin, et ce devant les yeux du spectateur. Lise se retrouve dans la peau de Toinette qui elle-même joue le rôle de médecin. Molière, en tant que maître du théâtre classique français, explore fréquemment cette forme dans son œuvre.

PIERRE CORNEILLE (1606-1684)

Pierre Corneille – à ne pas confondre avec Thomas Corneille, son petit frère, célèbre en son temps lui aussi – écrit principalement pendant la période classique, marquée par des règles dictées par l'esthétique dominante. Sa carrière théâtrale s'étend sur plusieurs décennies, entre 1629 et 1674. Dès la sortie de sa toute première pièce de théâtre, une comédie, il rencontre un franc succès.

« J'ai tâché de la réduire à notre usage, et dans nos règles. »
Corneille, *Le Menteur*

Avec le temps, il devient surtout **célèbre pour ses tragédies**, qui explorent des thèmes tels que l'honneur, le devoir et les dilemmes moraux. Le pouvoir en place insiste pour que Corneille rédige davantage de tragédies, alors qu'il préfère les tragi-comédies et les comédies. Il en écrit également, et parmi les plus connues, vous pouvez citer *Le Cid* et *L'Illusion comique*.
Mais il s'adapte : soutenu par le roi de l'époque, Corneille veut écrire des pièces de théâtre qui plairont au public. Sachant que ce dernier a des attentes, notamment en termes de moralité et de bienséance, il cède à la pression normative et s'autocensure même quelquefois. Malgré tous les efforts pour rester au sommet, il finit sa carrière dans l'ombre, éclipsé par Jean Racine, qui plaît davantage au public. Pourtant, aujourd'hui, il est considéré comme l'un des grands auteurs classiques du théâtre français, aux côtés de Molière et Racine, et non dans leur ombre.

Le Menteur

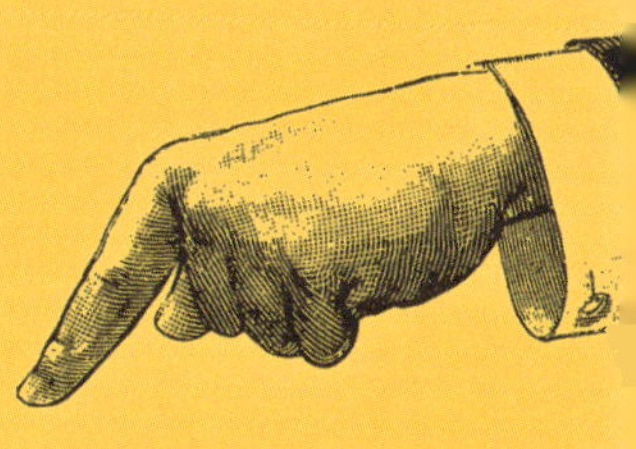

« Ok il ment, et après ? »

MON AVIS

FACILITÉ DE LECTURE ★★½☆☆

Lire des alexandrins n'est jamais une tâche facile de prime abord, car vous n'en avez pas l'habitude, il faut le temps d'entrer dans le rythme. De plus, le vocabulaire y est très riche.

INTÉRÊT DU FOND ★★★★☆

L'intrigue est originale, elle ne ressemble à aucune autre. Et on ne voit pas le temps passer car elle est pleine de rebondissements.

INTÉRÊT DE LA FORME ★★★½☆

Nous allons nous intéresser aux différentes stratégies comiques que met en place Corneille pour faire rire le spectateur.

Quand on parle d'œuvre comique, on a souvent l'impression que c'est comique pour les autres, pour l'époque peut-être, mais pas pour nous. *Le Menteur* pourtant divertit réellement son lecteur ou son spectateur. Je vous invite à regarder la pièce si la lire vous semble trop compliqué à cause de la versification. L'histoire devrait vous plaire.

LE MENTEUR, PRÉSENTATION DE L'ŒUVRE

Publié en 1643, *Le Menteur* est une comédie en cinq actes, comme le veut la tradition classique. Corneille emprunte la matière de cette pièce à Lope de Vega, un dramaturge espagnol qui l'influence énormément dans son théâtre, comme c'est le cas de Calderón de la Barca. Il se place vraiment comme héritier de ce théâtre **baroque espagnol**.

> « CLITON. – Quoi, même en disant vrai vous mentiez en effet ? »

Dorante, un jeune homme de bonne famille, vient d'arriver à Paris pour s'y installer. Voulant se faire une place dans la société, il décide de s'engager dans plusieurs mensonges auprès d'inconnus mais aussi de son ami ou encore de son père. Il dépasse la simple exagération et invente des récits extravagants !

On se rend rapidement compte qu'il ne peut s'empêcher de mentir, car bien souvent, rien ne l'oblige à inventer des expériences aussi absurdes et détaillées que les siennes. Pris dans son propre piège, il tombe amoureux de Clarice mais, en pensant la séduire, s'adresse à Lucrèce. Il ignore qui est qui, et ses mensonges commencent à se compliquer : Dorante doit se souvenir de ses mensonges précédents et faire attention à ne pas se contredire. Il finit par être confronté à tous ceux à qui il a menti.

LE MENSONGE, RESSORT COMIQUE DE LA PIÈCE

> « CLITON. – Comme en sa propre fourbe un menteur s'embarrasse ! »

Comme le titre l'indique, le mensonge est le thème central de toute la pièce : il sert à **développer l'intrigue**. En effet, sans cela, Dorante apprendrait simplement que son père prévoit de le marier à Clarice, dont il est déjà tombé amoureux, et l'histoire se terminerait sur un mariage heureux et intentionné. Au lieu de cela, Dorante se voit contraint d'épouser Lucrèce pour rester cohérent avec ses propos.

Dans le film *Arrête-moi si tu peux* (2002), Steven Spielberg reprend une histoire vraie : Leonardo DiCaprio et Tom Hanks incarnent respectivement un grand escroc et le policier qui le poursuit. Ce dernier ne cesse de se faire duper par le criminel, qui change d'identité toujours très rapidement, et réussit à se faire passer pour ce qu'il n'est pas tout au long de l'intrigue. Cette stratégie nous le rend sympathique, et apporte une dimension comique à un sujet pourtant grave – la criminalité.

Au-delà de l'acte même de mentir, ce qui est comique dans la pièce, ce sont les **conséquences de la tromperie** : croyant duper tout le monde, Dorante se met dans des situations absurdes et ridicules qui font rire le spectateur. Les quiproquos résultant des mensonges de Dorante ajoutent une couche de comique supplémentaire : il finit par être la victime de son imposture. À cela s'ajoute le fait que Dorante soit tellement sûr de lui, que jusqu'au bout, il imagine que sa tromperie lui sera bénéfique. Le rideau tombe quand il finit par se repentir de ses mensonges et qu'il devient un homme sincère. La comédie n'a alors plus de raison d'être, puisqu'elle reposait sur le mensonge.

« CLITON. – J'enrage de me taire, et d'entendre mentir. »

Le mensonge fonctionne également comme un **révélateur de caractère**. Les réactions des autres personnages face aux mensonges de Dorante créent des dynamiques humoristiques. Nous, en tant que spectateurs, ne savons pas où cela va nous mener. Et c'est cela qui nous amuse ! Moi, par exemple, je ne m'attendais pas du tout à cette fin.

Comme Cliton le valet, le public ne découvre les mensonges de Dorante qu'une fois que celui-ci a fini de les débiter. Au début, il y a comme un doute, mais rapidement, on finit par comprendre que rien de ce qui sort de la bouche de Dorante n'est vrai. Nous ne devenons **complices de ses mensonges** que dans un deuxième temps, mais au début, on est aussi dupés ! Cette stratégie crée donc une interaction entre les personnages et le public, une stratégie gagnante puisque *Le Menteur* connaîtra une suite un an plus tard.

CRITIQUE DES FAUX-SEMBLANTS

Nous avons tous déjà menti, oui ou non ? Alors on sait que, si certains mensonges sont innocents (oui, elle est superbe, ta nouvelle coupe de cheveux !), d'autres sont beaucoup plus graves et peuvent mettre à mal nos relations (non, je n'ai jamais volé cet argent !). Malgré le ton léger, les mensonges proférés dans *Le Menteur* ne sont pas si innocents : Dorante ment en amour, il ment à propos du mariage, de la parentalité... Ce ne sont pas de petits mensonges. Tout cela suffit à rompre la confiance qu'il aurait pu avoir de la part de n'importe qui.
La tromperie et le mensonge permettent à Corneille de proposer une **critique des faux-semblants en société** : l'humain est capable de mentir à son entourage, soit pour duper les autres soit pour se faire valoir. Dans tous les cas, ici, le mensonge n'est pas valorisé.

« CLARICE. – Les visages souvent
sont de doux imposteurs.
Que de défauts d'esprit se couvrent de leur grâce !
Et que de beaux semblants cachent
des âmes basses ! »

Cette réplique de Clarice met en garde le spectateur : derrière chaque visage souriant peut se cacher une réalité moins belle. Corneille suggère que les individus peuvent masquer leurs imperfections en projetant une façade attrayante, ce que fait Dorante. Les apparences peuvent être trompeuses, nous dit Corneille.

La série *You* donne à voir un personnage principal qui sait se rendre charmant pour séduire la femme qu'il a repérée depuis un moment ; il l'étudie au maximum pour savoir quoi lui dire, comment agir en sa présence. Mais sous ce beau visage se cache un homme vicieux, psychologiquement instable.

Il établit une séparation entre l'apparence et la réalité, un écart entre l'apparence extérieure et la véritable nature intérieure. Corneille invite le spectateur à questionner la sincérité de son entourage et à reconnaître que, dans ce monde théâtral, **les faux-semblants peuvent être aussi dangereux que séduisants**.

MISE EN GARDE CONTRE LE LANGAGE

« DORANTE. – Je disais la vérité.
CLITON. – Quand un menteur la dit,
En passant par sa bouche elle perd son crédit. »

Les répliques sont vives, pleines de jeux de mots et d'ironie. Corneille utilise des formes poétiques dans le dialogue, donnant une touche de lyrisme à la comédie. Bref, le langage est plaisant ! Et plus il plaît, plus on a envie de l'écouter. Dans *Le Menteur*, Corneille excelle dans la **manipulation des mots**. Il montre ainsi que les mots, dans la bouche d'un homme habile, peuvent être utilisés pour créer une illusion. C'est en effet grâce aux mots que Dorante arrive à se faire passer pour quelqu'un qu'il n'est pas. Alors ici, nous avons affaire à une comédie, à un personnage bien intentionné, mais ce ne sera pas toujours le cas !
Corneille suggère que les mots doivent être utilisés avec prudence. Il faut être conscient de leur pouvoir sur nous et de **leur potentiel de tromperie**. Le langage peut effectivement nous tromper…

Sur Molière

LA COMÉDIE DANS *LE MALADE IMAGINAIRE* EST-ELLE SEULEMENT UN SPECTACLE ?

Je reformule : La dimension comique présente dans *Le Malade imaginaire* se limite-t-elle à un simple divertissement ?

I. *Le Malade imaginaire* est un spectacle complet, qui a pour but de divertir son public.

A. La pièce est une célébration de différents arts : danse, chant, théâtre.

B. La pièce donne à voir les jeux de rôle des différents personnages grâce à la mise en abyme du théâtre.

II. Cependant, la dimension comique est en fait un prétexte pour l'auteur, qui propose une réelle satire dans sa pièce.

A. À travers des personnages risibles, Molière fait la satire de la médecine.

B. À travers une intrigue formée autour d'un mariage forcé, Molière fait la satire de la bourgeoisie.

III. En réalité, la dimension comique présente dans la pièce contribue à libérer le public de ses angoisses.

A. La mort et la maladie sont traitées par le comique de situation.

B. La peur et les vices des hommes sont traités par le comique de caractère.

Sur Corneille

« Le mensonge est pour celui qui le formule, mais également pour celui qui y assiste, un moment de plaisir. »

En quoi cette réflexion illustre-t-elle la pièce *Le Menteur* de Corneille ?

Je reformule : En quoi le mensonge procure-t-il du plaisir aussi bien à celui qui le profère qu'à celui qui en est témoin ?

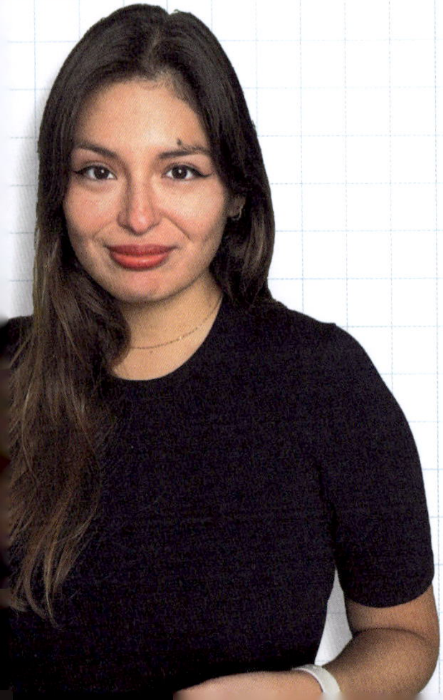

I. D'une part, la pièce met en évidence le plaisir que le personnage principal prend à mentir.

A. Tout d'abord, Dorante est un menteur compulsif qui adore se mettre en avant.

B. Ensuite, il faut reconnaître qu'il prend un malin plaisir à manipuler les mots et à créer l'illusion.

II. D'autre part, le mensonge étant le ressort comique de la pièce, le public prend plaisir à assister aux mensonges de Dorante.

A. Les mensonges de Dorante sont souvent absurdes et ridicules, et provoquent le rire chez le spectateur.

B. Le public devient complice des mensonges de Dorante, il passe un bon moment à s'impliquer dans la pièce.

III. Enfin, Corneille montre l'envers du décor : le mensonge peut être un plaisir, mais il peut également être dangereux.

A. L'auteur nous met en garde : le mensonge est un jeu de pouvoir, celui qui ment prend le contrôle de la situation.

B. Nous ne sommes pas à l'abri de nous laisser tromper par le langage, un puissant outil de manipulation.

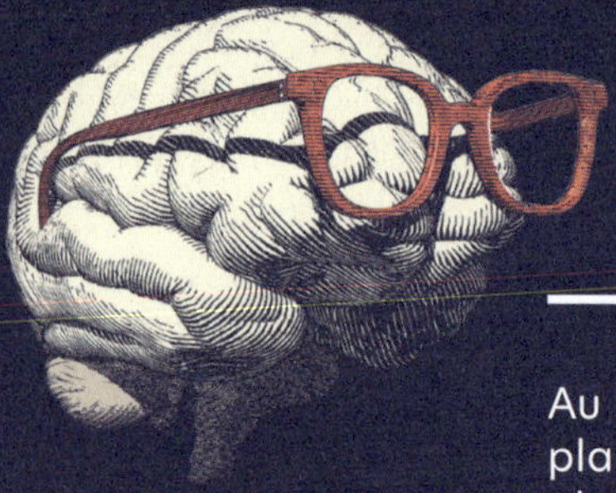

POINT MÉTHODE
PLAN DIALECTIQUE OU PLAN THÉMATIQUE ?

Au brouillon, vous serez amenés à construire votre plan. Mais saviez-vous qu'il existe deux types de plans ? Alors lequel choisir ?

D'abord, sachez faire la différence entre un **plan dialectique** et un **plan thématique**. Pour savoir quel plan choisir, il vous faut porter une attention particulière à la question de problématique.

• **Le plan dialectique** vous oblige à répondre sous forme de thèse, antithèse, synthèse.
→ Vous choisirez le plan dialectique si votre problématique se présente sous forme de question fermée (qui n'admet que deux réponses possibles).

• **Le plan thématique** vous laisse la liberté de répondre à la question de problématique en trois parties que vous pouvez organiser comme bon vous semble.
→ Vous choisirez le plan thématique si votre problématique se présente sous forme de question ouverte (qui admet toutes les possibilités).

PLAN DIALECTIQUE

QUESTION : La dimension comique présente dans *Le Malade imaginaire* se limite-t-elle à un simple divertissement ?

THÈSE : *Le Malade imaginaire* est un spectacle complet, qui a pour but de divertir son public.

ANTITHÈSE : Cependant, la dimension comique est en fait un prétexte pour l'auteur, qui propose une réelle satire dans sa pièce.

SYNTHÈSE : En réalité, la dimension comique présente dans la pièce contribue à libérer le public de ses angoisses.

PLAN THÉMATIQUE

QUESTION : En quoi le mensonge procure-t-il du plaisir aussi bien à celui qui le profère qu'à celui qui en est témoin ?

PARTIE 1 : D'une part, la pièce met en évidence le plaisir que le personnage principal prend à mentir.

PARTIE 2 : D'autre part, le mensonge étant le ressort comique de la pièce, le public prend plaisir à assister aux mensonges de Dorante.

PARTIE 3 : Enfin, Corneille montre l'envers du décor : le mensonge peut être un plaisir, mais il peut également être dangereux.

E. RONJAT
BARBANT Sc

LA BRUYÈRE
ET LA MORALE

LA MORALE, QU'EST-CE QUE C'EST ?

Voilà une action *moralement* inacceptable ! Il m'a fait la *morale* pendant une heure. À la fin de cette lecture, vous chercherez la *morale* de l'histoire. Cette ignoble personne n'a aucun sens *moral*… Opposant le **bien** et le **mal**, la morale consiste en un ensemble de règles et de valeurs qui guident la conduite des êtres humains vers le bien. Ainsi, on nous apprend, dès que nous sommes en âge de le comprendre, qu'aider, c'est bien et que tuer, c'est mal.

LE CONTEXTE

« Nous plaisons plus souvent dans
le commerce de la vie par nos défauts
que par nos bonnes qualités. »
La Rochefoucauld, *Maximes*

Au XVIIe siècle, les **moralistes** sont nombreux : François de La Rochefoucauld, Blaise Pascal, Madame de La Fayette, Pierre Nicole, Jacques Esprit et bien d'autres se plaisent à rappeler à l'ordre ceux qui s'égarent dans les vices et les excès de l'époque. En effet, la richesse du Grand Siècle offre de tels divertissements (dépenses démesurées, soirées mondaines, banquets et festins) qu'elle détourne les hommes et les femmes du droit chemin. C'est le constat de départ de Jean de La Bruyère.

JEAN DE LA BRUYÈRE (1645-1696)

Issu de la petite bourgeoisie parisienne, Jean de La Bruyère connaît la pauvreté avant d'accéder aux sphères de la haute société lorsqu'il se retrouve au service de la grande famille des Condé, très proche du roi. Grâce à cette ascension sociale, il devient un témoin privilégié de la cour de Louis XIV. Cette cour, il s'en amuse volontiers, il l'étudie et tente de la dépeindre dans son seul et unique ouvrage, paru en 1688, *Les Caractères ou Mœurs de ce siècle*. Notez que la cour n'est pas le seul objet d'étude de Jean de La Bruyère dans l'œuvre.

« Je rends au public ce qu'il m'a prêté ; j'ai emprunté de lui la matière de cet ouvrage : il est juste que, l'ayant achevé avec toute l'attention pour la vérité dont je suis capable, et qu'il mérite de moi, je lui en fasse la restitution. »
Préface des *Caractères*

Conservateur critique, La Bruyère ne remet pas en cause le régime monarchique, mais il dénonce les dysfonctionnements de la seconde moitié du XVIIe siècle. Il perçoit le malaise qui domine en France à la fin du règne de Louis XIV, dont notamment la misère des paysans et le contraste avec le faste des très riches. Il en rend compte dans cette œuvre descriptive.

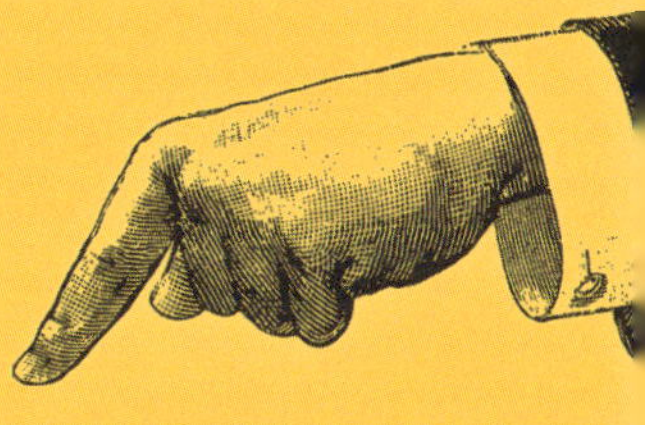

Les Caractères

« Trop dur, on n'y comprend rien. »

MON AVIS

FACILITÉ DE LECTURE : ★☆☆☆☆
Très difficile à lire pour un jeune lecteur, car le livre est riche en vocabulaire de registre soutenu ; peu digeste malheureusement, car les remarques n'ont pas été faites pour être lues les unes après les autres sans s'arrêter.

INTÉRÊT DU FOND : ★★★★★
Extrêmement intéressant d'un point de vue sociologique, d'autant que l'œuvre ne parle pas seulement à un lecteur de l'époque, mais qu'elle est toujours d'actualité.

INTÉRÊT DE LA FORME : ★★★½☆
En première générale, on s'intéressera surtout à la forme des portraits : animés, vivants, ils restituent les personnages en action, comme au théâtre, ce qui rejoint le parcours associé.

On ne devrait pas exiger de lire *Les Caractères* d'une traite. L'Éducation nationale en est bien consciente et a donc limité le nombre de chapitres étudiés. C'est un ouvrage remarquable pour sa dimension sociologique ; il faut l'aborder dans son ensemble, en gardant en mémoire la démarche de La Bruyère.

LES CARACTÈRES, PRÉSENTATION DE L'ŒUVRE

Le projet de Jean de La Bruyère est énoncé dans le sous-titre de l'œuvre, *Mœurs de ce siècle* : il y a là une volonté d'observer les pratiques et habitudes de vie de ses contemporains.

CRITIQUE DE LA MORALE INDIVIDUELLE

« Combien il est pénible aux hommes d'être constants, généreux, fidèles, d'être touchés d'une amitié plus forte que leur intérêt. »

Dans le livre XI intitulé « De l'Homme », La Bruyère fait le constat d'une certaine **corruption de la nature humaine** : l'homme est vicieux. L'est-il dès la naissance ou ce caractère est-il dû aux expériences de la vie ? À cela aussi il apporte une réponse : certains de nos défauts seraient innés, d'autres seraient acquis. Parmi ces vices, nous retrouvons l'égoïsme, la vanité, l'orgueil... autant de défauts auxquels l'auteur oppose des vertus morales comme l'altruisme, la simplicité, la sincérité, la modestie.

Dans *L'Associé du diable* (1997), Al Pacino incarne le diable, poussant le personnage principal à céder à ses désirs égoïstes et à oublier ses principes moraux pour la gloire et la fortune.

CRITIQUE DE LA MORALE SOCIALE

L'immoralité ne se cantonne pas à la sphère privée : les hommes et les femmes ne se contentent pas de montrer leurs défauts chez eux, ils les imposent à la société, dans leurs rapports humains qui témoignent sans cesse de leur malhonnêteté. Et comme une société est la somme de tous les individus qui la composent, la somme de leurs défauts crée une **société pervertie**. C'est ce que nous dit La Bruyère dans les chapitres V à X des *Caractères*.

Installée dans ses travers, la société établit des règles qu'elle ne respecte pas et s'enfonce dans la déchéance morale. La morale sociale est donc une farce, et l'hypocrisie se fait sentir dans les rapports humains.

Le Loup de Wall Street (2013) révèle l'avidité, l'immoralité et l'hypocrisie qui peuvent régner dans le monde des affaires. Les personnages du film se moquent des règles morales établies, assumant leurs défauts aux yeux de tous et contribuant à la dégradation morale de la société dans son ensemble.

LA COMÉDIE SOCIALE

« Le monde présente sans cesse de nouveaux spectacles, où les mêmes acteurs ne jouent pas toujours les mêmes rôles. Il est une suprême dignité qui par elle-même ne donne point de rang ; c'est celle qui résulte de la qualité d'honnête homme. »
Stanislas I, roi de Pologne

Après avoir examiné les comportements des hommes en société, La Bruyère arrive à une conclusion : les hommes sont faux, ils portent un masque qu'ils refusent d'enlever, tels des comédiens qui se maquillent, se coiffent, se déguisent, se donnent en spectacle et attendent d'être applaudis. C'est la notion de ***theatrum mundi*** : la ville et la cour sont les scènes de ce théâtre du monde, où se produisent les comédiens. On remarque d'ailleurs que les portraits de La Bruyère sont toujours montrés en mouvement, en pleine action, caricaturaux, comme au théâtre, jamais décrits comme dans un roman. La superficialité et les faux-semblants sont, d'après l'auteur, les grands fléaux de ce siècle.

À bien y réfléchir, il n'y a pas besoin d'imaginer la ville ou la cour du Roi-Soleil pour voir des hommes et des femmes vivre à travers le regard de l'autre. Cette pensée s'applique à toutes les époques et à toutes les sociétés : par exemple, je passe une robe et j'applique du mascara sur mes yeux avant de sortir de chez moi, comme tout comédien se déguise et se maquille avant de faire son apparition sur scène. On peut donc parler d'un propos universel et intemporel !

LE STYLE DE LA BRUYÈRE

« Il déploie un ample mouchoir
et se mouche avec grand bruit ; il crache fort loin,
et il éternue fort haut. Il dort le jour, il dort la nuit,
et profondément ; il ronfle en compagnie.
Il occupe à table et à la promenade plus
de place qu'un autre. »
Extrait du portrait de Giton

La Bruyère utilise **le registre comique** et **l'ironie** pour dénoncer les vices et les travers des hommes et de la société de manière subtile mais efficace. Il se moque des personnages qu'il invente, les ridiculisant et donnant ainsi à voir leurs incohérences. Il explicite son intention dans la préface de son livre : « On ne doit parler, on ne doit écrire que pour l'instruction. »
La description que fait La Bruyère n'est que la première étape d'un projet en réalité didactique : éduquer les hommes pour qu'ils puissent se corriger, leur montrer ce qu'ils sont pour qu'ils s'amendent. Aussi, l'intention, accomplie au moyen du registre comique, peut se traduire par l'expression latine suivante : *castigat ridendo mores*, ce qui signifie « corriger les mœurs par le rire ».
En conclusion, La Bruyère est un moraliste qui dénonce les vices et les travers de la société. Son œuvre est toujours d'actualité, car elle nous invite à réfléchir à notre propre société.

UN AUTEUR EN LIEN : JEAN DE LA FONTAINE

Parmi les moralistes classiques, nous retrouvons le très célèbre Jean de La Fontaine, connu pour ses *Fables*, publiées en 1668. Contrairement à La Bruyère, La Fontaine ne bénéficie d'aucune protection de la part de la cour, bien au contraire. Louis XIV le tient en disgrâce, raison pour laquelle l'auteur doit trouver un moyen détourné s'il veut transmettre un message critique sur la société de son temps.
Ses fables sont des histoires courtes qui mettent en scène des animaux ou des objets auxquels l'auteur attribue des traits humains. Personnifiés, ils incarnent les différentes classes sociales et agissent comme elles. Le caractère fictif de toutes ces histoires est le stratagème auquel La Fontaine a recours pour faire la satire de son siècle de manière indirecte.

> « Selon que vous serez puissant ou misérable, / Les jugements de cour vous rendront blanc ou noir. »
> *Les animaux malades de la peste*

À titre d'exemple, dans la fable intitulée « Les animaux malades de la peste », une épidémie de peste frappe les animaux. Le lion, roi des animaux, préside une réunion dans laquelle il demande à l'animal le plus mauvais de se sacrifier : d'après lui, la peste serait une punition de Dieu, et le seul moyen de l'arrêter serait d'immoler le plus coupable d'entre eux. Il invite alors tous les animaux à avouer leurs crimes. Lui, le renard, l'ours et le tigre, les animaux puissants, avouent des fautes gravissimes, mais se trouvent toujours de bonnes raisons pour justifier leurs mauvaises actions. L'âne, quant à lui, un animal humble, est blâmé pour un crime sans conséquence, et la fable s'achève sur sa condamnation à mort. Si cette fable traduit parfaitement la démarche de La Fontaine, c'est parce que le message se lit clairement : l'auteur accuse les puissants de se protéger les uns les autres, et de réserver le pire sort aux faibles.

Bien sûr, le genre de la fable existait déjà dans la Grèce antique (les *Fables* d'Ésope, à la fin du VIIe siècle av. J.-C.), mais Jean de La Fontaine la porte à un point de perfection inégalé. Versifiée, elle prend une dimension poétique, qui sublime la **visée didactique**. Son recueil de *Fables* est aujourd'hui encore reconnu comme l'une des œuvres les plus subversives de la littérature française.

EN QUOI EST-IL POSSIBLE D'ENVISAGER *LES CARACTÈRES* COMME UNE ŒUVRE THÉÂTRALE ?

Je reformule : Quelle est la part de théâtralité dans *Les Caractères* ?

I. Tout d'abord, La Bruyère décrit une société caricaturale : les portraits rappellent les personnages de comédie.

- **A.** Le style de l'auteur consiste à mettre en scène des portraits vivants, tel un dramaturge.
- **B.** La somme de ces portraits individuels dépeint l'ensemble de la société de l'époque.

II. Non seulement il la décrit, mais La Bruyère critique aussi cette société qui se donne en spectacle.

- **A.** L'auteur introduit la notion de *theatrum mundi*, faisant de ceux qui composent la société des comédiens jouant tous un rôle.
- **B.** Jouer un rôle fait des hommes et des femmes des êtres faux, calculateurs et superficiels, incapables de se montrer au monde sous leur vrai visage.

III. **Enfin, cette comédie a pour but d'aider le lecteur à prendre conscience de ses défauts et à se corriger.**

- **A.** Le registre comique permet à La Bruyère de corriger les hommes en les tournant en ridicule, comme le veut la formule *castigat ridendo mores*.
- **B.** Dans cette œuvre, le moraliste livre un message universel, s'appliquant à toutes les époques et à toutes les sociétés.

PLAN D'ESSAI

PEINDRE LES HOMMES, EST-CE TOUJOURS AVOIR « LE SOUCI D'ÊTRE VRAI » ?

À noter : Le souci d'être vrai, c'est le soin que met un auteur à rendre son ouvrage vraisemblable aux yeux du lecteur.

Je reformule : La vraisemblance est-elle une condition nécessaire pour représenter la nature humaine ?

I. Tout d'abord, s'il se compare au peintre, l'auteur doit s'imposer le souci de la vraisemblance.

A. Sans vraisemblance, l'œuvre perd en crédibilité, empêchant ainsi les hommes et les femmes de se reconnaître dans la représentation de la nature humaine.

B. La nature humaine étant un sujet universel, la vraisemblance doit être au rendez-vous pour que tous les types de public puissent apprécier l'œuvre.

C. Par ailleurs, la vraisemblance est un principe esthétique très valorisé dans la littérature et les arts.

II. Cependant, s'éloignant quelque peu de la réalité, l'auteur peut aussi exagérer son propos pour être plus percutant.

A. Lorsqu'il critique l'homme pour ses nombreux défauts, l'auteur peut trouver efficace de caricaturer les traits qui le ridiculisent.

B. Pour représenter un concept abstrait, un moyen de faire comprendre l'idée au lecteur peut être d'utiliser des symboles ou des allégories.

C. Enfin, exagérer un propos peut s'avérer très utile pour illustrer des situations extrêmes, mettant en lumière des aspects de la nature humaine difficiles à observer dans la réalité.

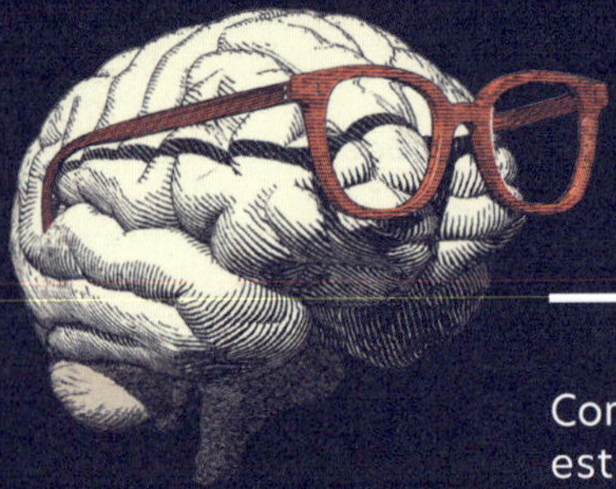

POINT MÉTHODE
LES TRANSITIONS

Comme je vous le disais dans la FAQ, la transition est ce que vos professeurs appellent peut-être une *introduction partielle*, à placer en début de chaque partie. J'emploierai le terme *transition,* car en plus de présenter le propos qui sera défendu dans chaque partie, la transition doit établir le lien logique existant entre cette partie et la précédente. Mon premier conseil est donc de rédiger vos trois transitions au brouillon.

POUR UNE TRANSITION CLAIRE

Pour rédiger une bonne transition, je vous déconseille fortement de donner des titres abstraits à vos différentes parties dans le plan que vous construirez ; c'est la meilleure manière de rendre vos parties opaques et compliquées à comprendre pour votre examinateur ! Proposez une phrase qui tient la route dès le début, cela vous aidera à garder le cap.

À NE PAS FAIRE

Partie 1 : Description d'une société caricaturale
Votre transition donnerait ceci : Tout d'abord, nous verrons la description d'une société caricaturale.

À FAIRE

Partie 1 : Tout d'abord, La Bruyère décrit une société caricaturale.
Cette transition permet de mettre en avant l'intention de l'auteur, lui prête une volonté et une action.

POUR DES TRANSITIONS BIEN ARTICULÉES
Écrivez vos transitions avant de trouver vos sous-parties. C'est ainsi que vous aurez en tête les bons liens entre les parties. Ces liens doivent être exprimés par des **connecteurs logiques** et **des rappels des parties précédentes**.

À NE PAS FAIRE
Partie 2 : Deuxièmement, La Bruyère critique une société qui se donne en spectacle.
Deuxièmement n'établit aucun lien avec la partie précédente !

À FAIRE
Partie 2 : Non seulement il la décrit, mais La Bruyère critique aussi cette société qui se donne en spectacle.
Ici, je reprends ce qui a été dit précédemment pour montrer la logique de l'auteur, et j'établis le lien d'addition qui existe entre la partie 1 et la partie 2.

XVe XVIe XVIIe

RACINE

ET LE TRAGIQUE

LA TRAGÉDIE, QU'EST-CE QUE C'EST ?

« La tragédie est l'imitation non des hommes, mais de leurs actions, de leur vie, de ce qui fait leur bonheur ou leur malheur. »
Aristote, *La Poétique*

Pour comprendre la tragédie, il faut revenir à l'Antiquité. C'est la démocratie athénienne, au ve siècle av. J.-C., qui voit naître le genre de la tragédie. Elle revêt alors **un rôle politique**. Dans le cadre de la démocratie, le pouvoir est confié à des citoyens (exclusivement des hommes), qui n'ont aucune idée de la manière dont ils doivent l'exercer. Alors on invente le genre de la tragédie, des représentations auxquelles tous les citoyens d'Athènes sont tenus d'assister : elles illustrent une problématique sur le point d'être débattue et les mettent en situation avant qu'ils votent.
Un exemple ne serait sans doute pas de trop. Je vous demande d'imaginer qu'un homme ait commis plusieurs crimes atroces, mais sans savoir ce qu'il faisait. Faut-il le condamner, d'après vous ? Ça dépend, c'est trop abstrait, me direz-vous. Je vous l'accorde. Maintenant, imaginez que je vous donne à voir l'histoire d'Œdipe, un homme qui se réveille un jour en s'apercevant qu'il a tué son père et épousé sa mère. Épouvanté par ses actes et horrifié par sa propre personne, il se crève lui-même les yeux. Le châtiment qu'il se donne est-il assez cruel ? Faut-il le condamner davantage ? Ainsi, tout le monde dans la salle doit réfléchir à l'histoire d'Œdipe, délibérer et prendre la bonne décision.

Rendez-vous compte, on accorde tellement d'importance à cet événement que, en cas d'empêchement, l'État paie les citoyens pour qu'ils assistent aux représentations tragiques ! Voilà l'origine de la tragédie, mais celle-ci a évolué au fil des siècles.

ET À L'ÉPOQUE ?

« C'est reposant, la tragédie, parce qu'on sait qu'il n'y a plus d'espoir, le sale espoir. »
Jean Anouilh, *Antigone*

Le XVIIe siècle, c'est l'apogée du théâtre français. Remise sur le devant de la scène (c'est le cas de le dire), la tragédie revient avec **un rôle plus esthétique**. Depuis le XVIe siècle, les poètes, romanciers, dramaturges écrivent en français. Pour autant, la tragédie s'inspire – pour ne pas dire qu'elle reprend – des histoires déjà mises en scène par les grands auteurs grecs et romains.

Médée est une héroïne célèbre pour avoir tué ses enfants dans le but de se venger de l'homme qu'elle aime et qui la quitte pour une autre. La pièce du même nom est d'abord écrite par Euripide au Ve siècle av. J.-C., puis reprise par Sénèque au Ier siècle apr. J.-C., et enfin par Corneille au XVIIe siècle. Chaque auteur y ajoute sa touche personnelle, mais l'action ne change pas.

Il n'y a donc aucun suspense dans la tragédie, d'abord parce que l'action est déjà connue, ensuite parce que l'essence même de ce registre littéraire est de très mal se terminer.
L'intrigue n'a plus l'intérêt politique qu'elle avait deux mille ans auparavant. Désormais, la tâche d'un tragédien est de sublimer la langue française à travers des pièces écrites dans une forme élevée,

noble, d'où l'emploi de l'alexandrin. La langue classique recherche la perfection. Et c'est bien ce vocabulaire très soutenu, ces tournures de phrases très complexes, qui vous demandent beaucoup d'efforts lorsque vous lisez les vers de cette époque ! Cependant, il est vrai qu'au XVIIe siècle la tragédie met l'accent sur **la crise intérieure de l'individu**. Ce dernier se trouve confronté à la violence du destin, des dieux, du poids de la famille. Le spectateur assiste à la chute brutale, sanguinolente de quelqu'un qui va tout perdre sous ses yeux. C'est tout de même l'occasion de proposer une réflexion sur le monde.

JEAN RACINE (1639-1699)

Très tôt orphelin, Jean Racine est éduqué par les jansénistes à Port-Royal. Les jan-quoi ?

Le jansénisme est un courant religieux, une branche du catholicisme d'après laquelle tous les hommes ne *deviennent* pas pécheurs au fil du temps, mais le *sont* par nature, avant même de naître. D'après les jansénistes, nous habiterions un monde corrompu où règne le mal, alors ils font tout pour rompre avec ce monde, s'en éloigner le plus possible. La morale janséniste nous invite donc à nous retirer du monde, de tout ce qu'il a à offrir, pour vivre selon des valeurs religieuses très austères.

Malgré une rupture brutale avec le jansénisme qui voudrait l'empêcher d'écrire, Racine transmet ce **point de vue pessimiste sur l'humanité** à travers la tragédie. En effet, quel autre registre illustrerait mieux le drame qui attend les hommes sur Terre ?

> « Les malheurs sont souvent enchaînés l'un à l'autre. »
> Racine, *Esther*

Le tragédien affiche une tension chez le héros entre la passion et le devoir. L'amour y est dépeint comme la pire des malédictions, une pulsion extrêmement violente et destructrice.

On trouvait déjà cette conception de l'amour chez Shakespeare. Pensez à *Roméo et Juliette* (1597) : la passion qui les brûle les mène à leur perte, puisqu'ils meurent tous deux à cause de cet amour interdit. Mais Roméo n'a jamais hésité entre Juliette et sa famille, là où Racine ajoute un conflit, un écartèlement chez le héros qui doit choisir entre le monde (ici, l'amour) et une exigence de valeur absolue (le devoir, l'honneur, la famille). On est donc très loin de l'idée d'un amour sans tache faisant de nous des hommes et des femmes meilleurs !

Un autre point de divergence avec *Roméo et Juliette* est que Shakespeare les fait se rencontrer sur scène ; le spectateur voit donc l'intrigue prendre forme. S'il était à l'origine de cette pièce, Racine ne nous montrerait que les quelques heures qui précèdent le suicide des deux amants. Un personnage nous raconterait dans le premier acte comment les familles sont devenues rivales, comment les deux enfants sont tombés amoureux, comment ils en sont venus à vouloir se marier. C'est comme ça chez Racine : on prend l'intrigue **au point où il est déjà trop tard**. On arrive au moment où il ne reste plus qu'à assister à cette explosion.

PHÈDRE, PRÉSENTATION DE L'ŒUVRE

Jouée pour la première fois en 1677, la pièce tourne autour du personnage de Phèdre, petite-fille d'Hélios, dieu du Soleil. Elle en est l'héroïne tragique, fatalement malheureuse. Il s'agit d'un sujet que Racine emprunte à Euripide, auteur antique grec.

« J'ai conçu pour mon crime une juste terreur
J'ai pris la vie en haine, et ma flamme en horreur. »

Maudite par les dieux et condamnée à tomber amoureuse d'Hippolyte, son beau-fils, elle s'est réfugiée dans son palais pendant des années. Au moment de son entrée en scène, l'héroïne se sent tellement coupable de cet amour interdit qu'elle désire la mort et ainsi **rejette radicalement le monde**. Mais sous l'influence de sa nourrice et confidente, elle se met à fantasmer une autre fin, un amour assumé avec Hippolyte.
Phèdre entame alors un **dialogue avec le monde**, et c'est là qu'elle fait erreur. Elle déclare son amour à son beau-fils, scandalisé par cet aveu. La femme de son père ? Jamais de la vie ! Le monde déçoit Phèdre, qui découvre non seulement qu'Hippolyte en aime une autre, mais aussi que son père est de retour : aucune fin heureuse n'est envisageable.

« Déjà je ne vois plus qu'à travers un nuage
Et le ciel, et l'époux que ma présence outrage
Et la mort, à mes yeux dérobant la clarté
Rend au jour, qu'ils souillaient, toute sa pureté. »

Pleine de remords, elle se suicide, doublement coupable : devant le ciel (Dieu) pour avoir cru pouvoir se réconcilier avec le monde, et devant l'époux pour lui avoir fait défaut.

L'HÉROÏNE TRAGIQUE PAR EXCELLENCE

Phèdre incarne **la solitude absolue** du héros tragique, laissant derrière elle un monde qui s'est montré cruel envers elle. Elle traverse une crise personnelle : l'héroïne se tient isolée du monde, d'abord par la malédiction qu'elle subit. Au début de la pièce, lorsqu'elle se tourne vers le Soleil, elle cherche la compassion des dieux, voudrait se sentir comprise, soutenue, mais n'obtient aucune réponse. De plus, on remarque que finalement, c'est quand elle n'implique personne dans son secret qu'elle s'en sort le mieux. C'est son contact avec le monde (la confidence à sa nourrice, l'aveu à Hippolyte, la confrontation avec son mari) qui entraîne sa chute. Cette tentative de Phèdre de s'arracher à sa solitude existentielle fait d'elle une figure encore plus déchirante et complexe, qu'on a envie de pardonner. Alors, **coupable ou victime** ? Voilà l'éternelle question d'un destin tragique !

D'un côté, comprenez bien que si vous parlez de destin, vous parlez d'une vie toute tracée, d'un personnage qui n'a plus rien à faire, emporté par une force plus puissante que tout. Il aura beau se débattre, sa volonté n'aura aucune influence sur le dénouement, la fin de l'histoire. Pour cette raison, le héros tragique est toujours victime de son inévitable destin.

Mais d'un autre côté, Phèdre fait aussi des choix : elle se laisse aller à son amour pour Hippolyte, alors qu'elle devrait le combattre, elle le laisse accuser et tuer par jalousie et par crainte. Elle est donc coupable de faiblesse, de mensonge et de lâcheté.

HYBRIS ET *CATHARSIS*

« La principale règle est de plaire et de toucher. Toutes les autres ne sont faites que pour parvenir à cette première. »
Racine, *Bérénice*

Sur la scène tragique se joue également un spectacle visant à nous apprendre deux notions : l'*hybris* et la *catharsis*.
La notion d'*hybris* renvoie à un comportement coupable, qui transgresse les règles. Aimer son beau-fils est un crime contre les lois des hommes ; or personne n'est au-dessus des lois. Phèdre se croit un instant plus forte que les règles et subit directement les conséquences de son excès d'orgueil. C'est un message envoyé au spectateur : « Ne vous croyez pas plus malin qu'un autre, restez humble. »

Tony Montana, le héros (ou anti-héros) de *Scarface* (1983), est le parfait exemple du péché d'*hybris* : son ambition démesurée le pousse à monter les échelons du monde du trafic de drogue en se faisant des ennemis de partout, ce qui finira par le rattraper. En plus de cela, l'excessive confiance en lui qu'il exhibe le conduit à ignorer tous les avertissements et cause la perte de ceux qu'il aime.

La *catharsis*, c'est ce que vous renvoie le film ou la série que vous êtes en train de regarder. Le tragique met en scène la violence des sentiments pour provoquer des émotions fortes chez le spectateur, comme la tristesse ou la peur, en voyant les dangers de la vie et les erreurs des personnages. Ces émotions doivent lui permettre de réfléchir à ses propres actions, au moyen de l'action à laquelle il assiste. Il voit Phèdre souffrir ? Eh bien, il doit s'imaginer qu'il souffrira, lui aussi, s'il se laisse aller, comme elle, à un amour interdit. La tragédie doit purger le spectateur de ses tentations.

LE STYLE DE RACINE

En France, à cette époque, c'est le roi qui dicte la direction que prendront les arts et les lettres. Or, si dans la première partie de sa vie, Louis XIV s'offre une vie fort peu modérée, il devient plus raisonnable et mesuré dans la deuxième. C'est dans cet esprit qu'il crée tout un courant esthétique et littéraire : le **classicisme**, instrument de pouvoir qui renforce la monarchie absolue de droit divin régnant dans toute l'Europe dans la deuxième moitié du Grand Siècle.

« Souvent trop d'abondance appauvrit la matière. »
Boileau, *L'Art poétique*

Cette esthétique classique se soumet à de très nombreuses contraintes formelles, dont le souci de vraisemblance (= paraître vrai, conforme à la réalité) et le souci de bienséance (= interdiction de choquer son public !). Le classicisme cultive un idéal de **perfection** et d'**équilibre**, ce qui fait sans aucun doute de Jean Racine le plus grand tragédien classique du XVIIe siècle, l'Âge d'or du théâtre français.

UNE AUTEURE EN LIEN : MADAME DE LA FAYETTE

La tragédie ne se cantonne pas au théâtre, contrairement à ce qu'on pourrait penser. Vous avez, par exemple, peut-être déjà entendu parler de « tragédie climatique » aux informations. Eh bien oui, est tragique toute situation qui explore les aspects sombres et complexes de la vie, souvent *via* des personnages confrontés à des dilemmes moraux et à des destins tragiques. Elle aussi janséniste, elle aussi classique, Madame de La Fayette est une contemporaine de Racine. En 1678, elle publie anonymement *La Princesse de Clèves*, une œuvre qui frappe par son pessimisme. L'ouvrage nous intéresse car il propose une analyse psychologique des personnages. Le lecteur a accès aux tourments intérieurs de la princesse, qui se débat entre ses sentiments amoureux pour le duc de Nemours et son engagement envers son mari, le prince de Clèves. Elle résiste jusqu'au bout : alors que le prince meurt, on pourrait penser que plus rien ne s'oppose à leur amour, mais la princesse repousse une dernière fois le duc de Nemours et décide de finir sa vie dans un couvent. Dans ce dénouement, tout professeur de français qui se respecte verra une mise en garde contre les pièges de l'amour, un message sans doute porté par la pensée janséniste (et classique) de l'auteure.

XIXe XXe

« Madame de Clèves vécut d'une sorte qui ne laissa pas d'apparence qu'elle pût jamais revenir. Elle passait une partie de l'année dans cette maison religieuse, et l'autre chez elle ; mais dans une retraite et dans des occupations plus saintes que celles des couvents les plus austères ; et sa vie, qui fut assez courte, laissa des exemples de vertu inimitables. »
Dernières lignes de *La Princesse de Clèves*

Passons en revue les caractéristiques de la tragédie que l'on peut retrouver dans l'œuvre :

- l'auteure fait un portrait élogieux d'une héroïne parfaite, idéalisée ;
- celle-ci est issue de la haute noblesse ;
- son caractère illustre la plonge dans un conflit moral intense : l'amour ou le devoir ? ;
- la passion joue le rôle d'un fléau, le pire des malheurs, qui d'ailleurs mène à la mort de son mari ;
- sa décision fait d'elle un personnage profondément malheureux tout au long du roman ;
- elle se condamne à une souffrance infinie.

Ainsi, bien que *La Princesse de Clèves* soit un roman, l'œuvre partage des caractéristiques tragiques avec le théâtre classique.

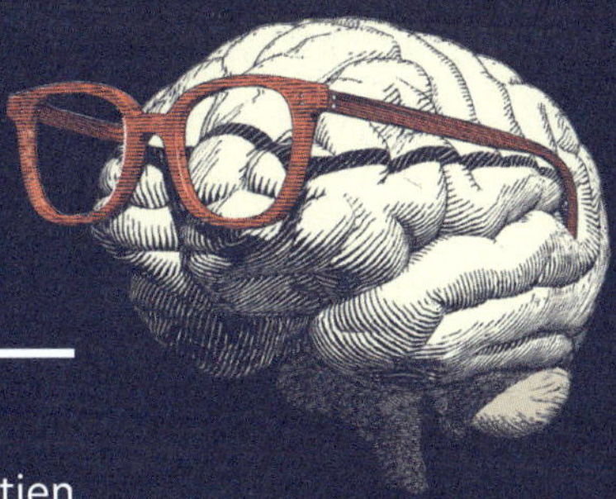

POINT MÉTHODE
PRÉSENTATION DU LIVRE ET JUSTIFICATION

La deuxième partie de l'oral porte sur un entretien avec l'examinateur autour d'une œuvre de votre choix. Cet exercice vaut pour 8 points (40 % de la note), et la bonne nouvelle, c'est que vous pouvez le préparer bien à l'avance !
Disons que vous avez entre 2 minutes 30 et 3 minutes pour parler avant que l'examinateur vous pose ses questions. Voici comment les organiser : d'abord, vous présentez le livre, ensuite vous justifiez votre choix, et on évite de dire « C'était le plus court de la liste » ou « Je l'avais déjà étudié l'année dernière ».

[CARTE D'IDENTITÉ DE L'ŒUVRE]
Je vais vous présenter *La Princesse de Clèves* de Madame de La Fayette. Il s'agit du tout premier roman d'analyse publié en 1678. J'ai étudié ce livre dans le cadre du parcours La comédie sociale.

[CONTEXTE D'ÉCRITURE, DE PUBLICATION]
Le contexte d'écriture est celui des salons littéraires du XVIIe siècle, où se réunissaient les personnalités influentes pour discuter de littérature, de politique et d'autres sujets de société. Madame de La Fayette faisait partie de ce monde. Mais à l'époque, elle choisit de publier ce roman de manière anonyme pour plusieurs raisons, avant tout à cause de la pression sociale : dans ces milieux, on n'a d'yeux que pour la tragédie et la poésie, le roman n'est pas vu comme un genre très noble. L'auteure préfère donc s'éviter un jugement trop sévère en société.

[BREF RÉSUMÉ DE L'INTRIGUE]

Concernant l'intrigue, le roman s'ouvre sur le portrait de Mademoiselle de Chartres, une jeune fille à peine sortie du couvent qui fait son entrée dans le monde, à la cour d'Henri II. Rapidement dans le roman, elle se retrouve mariée au Prince de Clèves, un très bon parti que lui a trouvé sa mère. Devenue princesse de Clèves, elle éprouve de l'amitié et du respect envers son mari, mais elle ne brûle pas de passion pour lui. Tout bascule quand elle fait la rencontre du duc de Nemours, dont elle tombe honteusement amoureuse. Elle s'interdit d'aller vers cet homme qui l'aime en retour, et ce même après la disparition de son mari, qui se laisse mourir de chagrin, se croyant trompé.

[JUSTIFICATION : COMMENCER PAR UNE ANECDOTE AVEC LE LIVRE]

Au départ, je n'avais pas l'intention de choisir cette œuvre. Il y a un moment dans le récit où je me suis perdue, dans la deuxième partie. Je ne comprenais pas bien ce que l'anecdote de Madame de Tournon apportait à l'histoire de la princesse. C'est après que je me suis aperçue que cette parenthèse avait pour but de montrer le poids de la pression sociale.

[UNE INTERPRÉTATION PERSONNELLE (QUE VOUS POUVEZ TROUVER SUR INTERNET !)]

Et j'en suis arrivée à me poser une question. La princesse est décrite comme parfaite, sans défaut. On nous fait alors comprendre que, si elle refuse de tromper son mari, c'est parce qu'elle est vertueuse. Mais en même temps, l'environnement dans lequel elle évolue est montré comme hypocrite, plein de faux-semblants, et pourtant extrêmement critique envers ceux qui s'écartent de la morale. En réalité, je me suis demandé, en lisant, si ce n'est pas la société qui lui a répété qu'elle n'avait pas le droit de se laisser aller à sa passion. Peut-être que, si elle s'était écoutée, elle aurait pu succomber à son amour pour le duc, au moins après la mort du prince. En fait, ce serait la société qui l'aurait condamnée depuis toujours, d'après moi. Et je me dis que cette théorie n'est pas complètement impossible vu le choix que fait Madame de La Fayette lorsqu'elle publie son roman anonymement.

Dernier conseil : le plus important, c'est de rendre votre histoire vraisemblable. Inspirez-vous d'Internet, vous y trouverez une quantité de ressources extraordinaire, mais ne les copiez-collez pas maladroitement. Utilisez vos propres mots, vos propres expressions. C'est de l'oral, ne l'oubliez pas ! Le mieux reste donc de s'entraîner et de se chronométrer à voix haute.

PRÉVOST
ET LE LIBERTINAGE

LE LIBERTINAGE, QU'EST-CE QUE C'EST ?

« C'est l'habitude de céder à l'instinct
qui nous porte aux plaisirs des sens,
il ne respecte pas les mœurs. »
Définition du libertinage de l'*Encyclopédie*,
Diderot et d'Alembert

Comme sa racine l'indique, le mot *libertinage* doit vous faire penser au mot *liberté*. Le libertinage, c'est avant tout une manière de penser et de vivre : elle se caractérise par le **rejet total des valeurs morales traditionnelles**. C'est faire ce que l'on veut sans se soucier des autres. Les libertins pensent que l'homme est libre d'agir comme il l'entend, sans s'inquiéter de la religion ou de la morale. Or, si vous lui donnez le choix, s'il peut vivre selon ses propres règles, l'homme ira toujours là où se trouve son **plaisir**. Le libertinage rencontre donc la quête passionnée du plaisir.

Dans *Les Infidèles* (2012), les deux personnages principaux se moquent des conventions sociales et des attentes traditionnelles liées à la fidélité, une valeur religieuse (car la luxure est un péché !) mais aussi sociale. En effet, tromper implique de se préparer au regard des autres s'ils viennent à l'apprendre.

ET À L'ÉPOQUE ?

Au XVIIIe siècle, les romans libertins étudient des personnages de la haute société qui embrassent ce mode de vie, un thème fascinant pour les écrivains de l'époque. Beaucoup se plaisent à écrire sur le sujet dans un but moraliste. En effet, alors qu'ils élaborent des comportements perçus comme immoraux, les auteurs de l'époque cherchent à mettre en garde leurs lecteurs contre les dangers de la débauche et de l'immoralité.

Mais ce n'est pas perçu de cette manière par tout le monde : à l'époque, on leur prête une tout autre intention, on croit voir dans leurs romans une invitation à transgresser les limites sociales et morales. Ces livres se voient alors pour beaucoup condamnés pour **outrage à la morale publique et religieuse**.

L'ABBÉ PRÉVOST (1697-1763)

Malgré son statut d'homme d'Église, Prévost mène une vie agitée : son parcours ecclésiastique connaît des voyages, des difficultés financières et une liaison amoureuse particulièrement coûteuse. Mais attention, il ne s'engage pas complètement dans la voie d'un abbé libertin ! Ces expériences émanent plus de la passion que du libertinage. Sa fin de vie, cependant, témoigne d'une plus grande sagesse.

« Que les résolutions humaines soient sujettes à changer, c'est ce qui ne m'a jamais causé d'étonnement ; une passion les fait naître, une autre passion peut les détruire. »
Manon Lescaut

Prévost laisse derrière lui une œuvre considérable : une douzaine de romans, mettant fréquemment en scène des personnages captivés par des passions dont ils ont beaucoup de mal à se libérer.

Manon Lescaut

« Encore une histoire d'amour, on s'ennuie... »

MON AVIS

Facilité de lecture : ★★★☆☆
La majorité des tournures de phrase sont assez complexes et le vocabulaire parfois trop soutenu pour un jeune lecteur ; mais l'œuvre s'avère plutôt accessible dans l'ensemble, car l'histoire parle à tout le monde.

Intérêt du fond : ★★★★½
L'histoire d'amour en tant que telle n'a pas grand intérêt, ce qui compte est avant tout l'analyse des personnages et de la société que l'on peut faire dans le contexte particulier du XVIIIe siècle.

Intérêt de la forme : ★★★½☆
Ce qu'on attend de vous est avant tout de pouvoir traiter le fond, mais il y a bien des points intéressants à relever dans l'étude de la forme, comme le schéma narratif qui fait tenir tout le roman dans un récit enchâssé.

Parmi vous, certains aimeront Manon Lescaut (et je parle de l'œuvre comme du personnage), d'autres détesteront. C'est précisément là que se fait sentir toute la complexité du livre. Gardez en tête que chaque sentiment que vous ressentez à l'égard du rythme, des personnages ou autre est légitime ! Il peut faire l'objet d'une analyse des effets que produit le roman sur son lecteur. C'est ce que nous verrons dans les lignes qui suivent.

MANON LESCAUT, PRÉSENTATION DE L'ŒUVRE

Roman tragique publié en 1731, *L'Histoire du chevalier des Grieux et de Manon Lescaut* fait partie d'un ensemble romanesque plus vaste : *Les Mémoires et Aventures d'un homme de qualité.*
Prévost exploite le procédé du **récit enchâssé**. Le narrateur initial, « un homme de qualité », fait le récit de sa vie, de ses expériences, mais à différents intervalles, d'autres personnages lui racontent leur propre histoire. Au dernier volume, le chevalier des Grieux, un jeune homme de bonne famille, lui fait part de sa passion dévorante pour Manon Lescaut, une jeune roturière qui trahit sa confiance à plusieurs reprises et fait de lui un brigand et un meurtrier avant de mourir.

UN ROMAN-MÉMOIRES

Le récit de des Grieux s'apparente à une confession ; il revit un passé auquel il s'efforce de donner un sens. Seulement voilà, le récit suit de très près l'aventure, le narrateur est donc encore sous le choc de la mort de Manon. Incapable de porter un regard neutre sur elle, des Grieux se trouve dans un état d'incertitude et d'incompréhension perpétuelles, confronté à l'énigme de sa maîtresse.
C'est assez compréhensible, quand on y pense. Si je vous demande de me raconter tout de suite la dispute qui a éclaté entre vous et vos parents hier soir, j'obtiendrai de vous une réaction à chaud, car trop peu de temps s'est écoulé, la mise à distance est encore impossible. En revanche, si je vous demandais de me raconter ce même épisode de votre vie dans cinq ans, il y aurait sans doute quelque oubli, et dans votre esprit plus de place pour la remise en question, pour l'analyse de cette dispute, car les années rendent possible ce qu'on appelle le **recul critique**. Cet exercice, comprenez-le bien, est impossible pour des Grieux.
Aussi, Manon apparaît toujours énigmatique, parce qu'on n'a sur elle que le point de vue de son amant. Or, ce dernier ne parvient pas à percer l'énigme de

Manon ! D'une part, il se pense vraiment aimé, car elle paraît sincèrement attachée à lui et toujours affligée de devoir s'en séparer ; d'autre part, elle le trompe avec des hommes plus fortunés, alors qu'il fait tout son possible pour la rendre heureuse. Le narrateur est enfermé dans sa seule et unique interprétation de l'histoire d'amour qu'il a vécue. Le chevalier cherche la vérité, mais n'y parviendra jamais.
Alors, d'après vous, Manon a-t-elle sincèrement aimé des Grieux ? Et lui, n'était-il pas simplement fasciné par cette figure féminine à l'origine de tous ses plaisirs ?
Cette morale, laissée au lecteur, est une source de **plaisir** pour ce dernier, que rien, désormais, n'empêche d'émettre un jugement sur les personnages.

DES PERSONNAGES COMPLEXES EN MARGE DE LA SOCIÉTÉ

« L'on se demande la raison de cette bizarrerie du cœur humain, qui lui fait goûter des idées de bien et de perfection, dont il s'éloigne dans la pratique. »

Le récit est perpétuellement ambigu, basculant entre différentes perceptions des personnages. D'abord, des Grieux voit Manon tantôt comme une créature droite et sincère, tantôt comme la seule responsable de son malheur. Elle apparaît comme coupable et innocente, pitoyable et admirable. C'est ainsi qu'apparaît sa **complexité morale** : Manon se révèle fondamentalement **amorale**, capable de trahir son amant au profit d'un riche protecteur, parce qu'incapable de se faire à une existence simple aux côtés de des Grieux.
Cependant, Manon n'est pas la seule à afficher cette complexité morale : des Grieux, lui aussi, s'écarte des valeurs morales et religieuses, alors même qu'il avait entrepris une carrière d'ecclésiastique ! **Immoral**, des Grieux abandonne sa vertu pour le plaisir coupable

que lui procure la femme aimée. Il se dit victime de la passion, vue ici comme une malédiction et une fatalité qui entraîne sa perte.

« Il [Tiberge] me répondit que l'aveu que je faisais me rendait inexcusable. »

Une question se pose alors : qu'est-ce qui est pire, de connaître les lois de la morale et de s'en moquer ouvertement, ou de n'en avoir pas connaissance et de l'ignorer tout simplement, comme c'est le cas de Manon ? Si deux enfants commettent la même erreur, lequel des deux condamnerez-vous le plus lourdement, celui qui ne savait pas ce qu'il faisait ou celui qui connaissait la portée de ses actes ?

UN TABLEAU DE LA SOCIÉTÉ

Issus de différentes classes sociales, les personnages de *Manon Lescaut* permettent à l'Abbé Prévost de brosser un portrait d'ensemble de la société française du XVIIIe siècle.

« C'est un fond excellent de revenu pour les petits, que la sottise des riches et des grands. »

Nous distinguerons les trois classes sociales de l'Ancien Régime dans le roman :

- La noblesse est représentée par le chevalier des Grieux et son père. Ce dernier rejette d'emblée l'amour que ressent son fils pour une simple roturière. Hors de question qu'il se marie avec elle ! Pourtant, quand il revient, tout est pardonné, preuve des égards que l'on a envers les riches et les grands de ce monde. Le père ne coupe les ponts avec des Grieux que lorsque celui-ci le couvre encore une fois de honte pour Manon.
- Le clergé est représenté par le personnage de Tiberge, d'après lequel le bonheur est à trouver non pas dans le plaisir, mais dans l'exercice de la vertu, c'est-à-dire en cherchant à être droit, juste. Il incarne les valeurs morales et religieuses, qui prônent

la raison, la prudence et le respect des conventions.

- Le tiers état est représenté par Manon Lescaut, son frère, les domestiques... Ils incarnent la friponnerie et la malhonnêteté. En effet, ces vilains défauts sont associés à la classe populaire, aux prolétaires, aux petites gens. Plus qu'un simple amalgame, on peut y voir une réflexion sur le **déterminisme social** : les pauvres seraient victimes de leur condition sociale, qui les condamnerait à trouver des moyens fourbes pour s'en sortir.

La Haine (1995) explore de manière dramatique ce même déterminisme social en présentant trois jeunes hommes issus d'une banlieue pauvre et marginalisée. On y comprend très vite que les opportunités sont limitées pour cette classe sociale qui ne cherche plus à s'intégrer à la société, victime de discrimination et de violences policières.

UN AUTEUR EN LIEN : CHODERLOS DE LACLOS

Choderlos de Laclos est un personnage énigmatique : officier d'artillerie, il mène une vie apparemment bien rangée en tant que père de famille et époux. Son chef-d'œuvre, *Les Liaisons dangereuses*, publié en 1782, peut être perçu comme l'envie de s'évader dans une tout autre réalité. En effet, dans son seul roman, il a voulu explorer l'art de la séduction et de la dissimulation. Les personnages se répartissent en deux camps : les proies et les prédateurs. Les prédateurs jouent avec leurs proies. Les deux personnages principaux sont le vicomte de Valmont et la marquise de Merteuil. Jeunes et riches, ils se racontent leurs conquêtes amoureuses. Le vicomte et la marquise conçoivent le libertinage comme un art ! Discrètement, sans que personne s'en rende compte, ils cherchent à faire tomber dans leurs filets les proies, qui sont Cécile de Volanges, Danceny et la Présidente de Tourvel.

> « Il me semble que c'est rendre un service aux mœurs que de dévoiler les moyens qu'emploient ceux qui en ont de mauvaises pour corrompre ceux qui en ont de bonnes. »
> Préface des *Liaisons dangereuses*

Ce roman est très énigmatique, très ambivalent. Ça se finit très brutalement pour tout le monde, alors comment interpréter le dénouement ? Les bons ne sont pas particulièrement récompensés, même si les mauvais sont punis. Ce qui triomphe, c'est la morale sociale, qui a raison de tous les personnages ; mais la vertu ne vainc pas dans le roman.
La critique s'est beaucoup interrogée sur la position de Laclos. Même si son intention de moraliste est clairement affirmée dans la préface de son œuvre, on trouve ses personnages trop charismatiques pour qu'ils dissuadent qui que ce soit de se comporter comme eux.

Après tout, il est vrai que lorsqu'on regarde *La Casa de Papel* (2017), on a davantage envie de ressembler aux braqueurs qu'aux policiers ; ils sont pourtant des personnages en marge de la loi et donc de la société. Mais alors pourquoi ? En réalité, le plaisir du spectateur (ou du lecteur) passe par **l'identification à des personnages imparfaits**, simplement parce que ceux-là sont plus complexes et plus intéressants qu'un personnage lisse.

PLAN DE DISSERTATION

EN QUOI LE ROMAN *MANON LESCAUT* PEUT-IL RÉVÉLER LA SOCIÉTÉ À TRAVERS SES PERSONNAGES ?

Je reformule : En quoi les personnages de *Manon Lescaut* sont-ils capables de mettre en lumière les mœurs du XVIIIe siècle ?

I. Tout d'abord, les personnages donnent à voir une société en quête de liberté.

A. Les personnages adoptent le libertinage intellectuel : la société se libère de la morale sociale.

B. Ce qui aurait pu être une ouverture d'esprit devient rapdement un vice et fait basculer la société dans la décadence morale (= libertinage de mœurs).

II. Cette quête de liberté est la conséquence directe d'une société sévèrement marquée par la religion.

A. Les personnages sont sans cesse rappelés à l'ordre par l'institution religieuse, que ce soit Manon sauvée du couvent par des Grieux ou des Grieux recevant la visite de Tiberge.

B. La morale janséniste semble se dessiner, s'opposant à la recherche du plaisir et prônant le bonheur de la vertu.

III. Enfin, les personnages incarnent et ainsi dénoncent une société intolérante et inégalitaire.

A. Certains reflètent l'hypocrisie de la société car, alors qu'ils se disent vertueux ou – pire – qu'ils sont libertins, ils rejettent les plus malheureux d'entre eux.

B. C'est l'occasion pour l'Abbé Prévost de proposer une réflexion sur le déterminisme social, qui enferme le tiers état dans sa condition précaire.

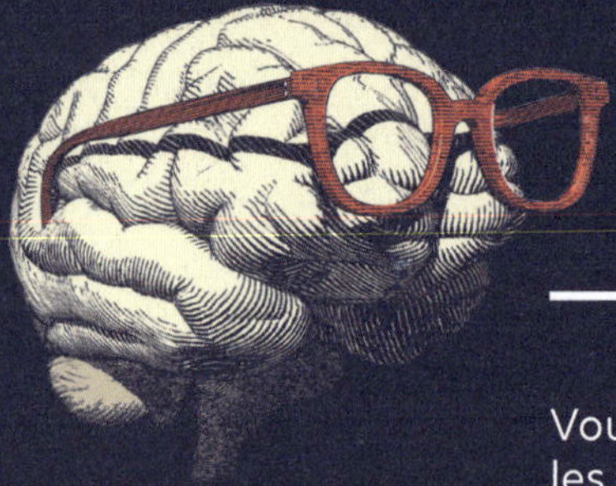

POINT MÉTHODE
TROUVER LES SOUS-PARTIES

Vous êtes nombreux à me rapporter que trouver les sous-parties est l'étape la plus difficile dans la construction de votre plan. Alors voici un premier rappel : une sous-partie doit contenir *une* seule idée, *un* seul **argument**. Or, quel est au juste le but d'un argument ? De défendre une thèse, de donner des preuves et des justifications qui appuient la thèse. Cette thèse à défendre, ce sont vos grandes parties I. II. III.

Nous pouvons donc décider de voir le plan comme ceci :

Ma première thèse : Tout d'abord, les personnages donnent à voir une société en quête de liberté.

→ Mon argument 1 : Les personnages adoptent le libertinage intellectuel : la société se libère de la morale sociale.

→ Mon argument 2 : Ce qui aurait pu être une ouverture d'esprit devient rapidement un vice et fait basculer la société dans la décadence morale.

Pour distinguer vos sous-parties

Votre raisonnement doit être logique et structuré pour l'examinateur, il faut qu'il comprenne comment vous êtes arrivé à défendre cette thèse, c'est un peu le cheminement à l'envers. Mon conseil est donc d'isoler une seule idée très claire et concrète dans votre esprit et de construire des phrases courtes.

À NE PAS FAIRE

Ma thèse : Une société libérée
Argument 1 : [La société se libère de la morale sociale] et [bascule dans une société décadente].
Argument 2 : [/]
Il y a là deux idées en un paragraphe. Si vous faites cela, vous vous tirez une balle dans le pied, car vous n'aurez effectivement plus grand-chose à dire après cela ! De plus, votre structure perdra en clarté.

À FAIRE

Ma thèse : Une société libérée
Mon argument 1 : Idée du libertinage intellectuel
Mon argument 2 : Idée du libertinage de mœurs
Maintenant, j'ai bien deux idées qui appuient la thèse que je défends.

XVe XVIe XVIIe

MARIVAUX, MUSSET
ET LE JEU

LE JEU, QU'EST-CE QUE C'EST ?

Le jeu, dans sa diversité, est omniprésent dans la vie et donc forcément dans la littérature. Il offre des possibilités infinies à nos auteurs, et surtout à nos dramaturges ! Eh oui, quel autre genre littéraire aurais-je pu choisir pour incarner cette thématique, si ce n'est celui qui *se joue* au théâtre ? Nous allons voir, dans ce chapitre, différentes facettes du jeu, du jeu d'amour au jeu de langage, en passant par le jeu théâtral.

Vous connaissez la fameuse phrase « suis-moi, je te fuis ; fuis-moi, je te suis ». Si ce n'est pas du jeu, je ne sais pas ce que c'est ! On parle ici de jeu de séduction, où les techniques créent une tension entre les deux acteurs. Les intrigues amoureuses donnent souvent lieu à des jeux où les protagonistes ont un trophée à gagner (le cœur de l'être aimé), des obstacles à affronter, des masques à faire tomber.

À travers la comédie, la littérature célèbre cet **art du jeu**. Les personnages de comédie évoluent dans un monde où les mots sont des armes subtiles, où les rencontres s'avèrent décisives, et où ils sont parfois amenés à jouer un rôle...

ET À L'ÉPOQUE ?

La littérature du XVIIIe siècle s'intéresse aux complexités de la nature humaine et des relations sociales. Dans ce siècle qui prépare la Révolution, le théâtre incarne l'esprit des Lumières et cherche à **montrer la vérité humaine**. Le principe de vraisemblance devient donc crucial pour les dramaturges de l'époque. C'est tout naturellement qu'ils donnent à voir les différentes classes sociales : bourgeoisie, noblesse, ainsi que tiers état. Le valet, comme chez Molière au siècle précédent, se voit attribuer un des rôles principaux dans le théâtre de Marivaux ou de Beaumarchais.

Le XIXe siècle pousse encore plus loin le souci de vraisemblance : on est dans **l'étude psychologique** des personnages, comme c'est le cas chez les romanciers. Les dramaturges utilisent le théâtre comme un moyen d'analyser le sentiment. Les personnages servent à refléter les réalités sociales et individuelles. Tantôt ils s'aiment, tantôt ils s'affrontent, mais surtout, ils mettent en lumière les rapports sociaux et familiaux.

MARIVAUX (1688-1763)

Véritable maître du jeu théâtral au XVIIIe siècle, Marivaux est connu mais pas placé au tout premier rang parmi les grands auteurs de son siècle. Il partage la scène avec Voltaire, Montesquieu, Diderot, Rousseau... Pire encore, le *marivaudage* est un terme péjoratif inventé vers 1760 par les contemporains de Marivaux.

Mais qu'est-ce que ces hommes de lettres lui reprochent, au juste ?

• Sur le plan formel, d'Alembert qualifie le style Marivaux de « peu naturel », « tout à la fois précieux et familier, recherché et monotone ».
• Voltaire, quant à lui, l'attaque sur le fond :

« Je lui reprocherai au contraire de trop détailler les passions et de manquer quelquefois le chemin du cœur, en prenant des routes un peu trop détournées. »

Ce style jugé trop raffiné et artificiel s'explique par l'appartenance de Marivaux à la **nouvelle préciosité**, un mouvement littéraire et culturel à la mode à Paris dans les années 1720-1730. Il se caractérise par le raffinement de la langue et des manières, ainsi que par l'intérêt porté aux sentiments et aux émotions.
Alors c'est vrai, Marivaux aime saisir les sentiments à l'état naissant : il ne s'intéresse d'ailleurs qu'aux premières étapes de l'amour, de la naissance à l'aveu. Il utilise son style pour explorer les subtilités de l'amour, de la jalousie, de la dissimulation et de la tromperie. Après cela, il fait tomber le rideau.

Les Fausses Confidences

« On a du mal à suivre ces personnages incohérents. »

MON AVIS

FACILITÉ DE LECTURE : ★★★★☆
Alors déjà, c'est du théâtre, donc si vous avez des difficultés à rester concentrés pendant la lecture, vous allez chercher la représentation théâtrale et vous regardez la pièce sur Internet ! C'est vrai que la lecture peut paraître un peu difficile vu le vocabulaire employé par les personnages, mais vous n'avez désormais plus d'excuse.

INTÉRÊT DU FOND : ★★★☆☆
Le parcours étudié – je le sais – n'emballera pas la plupart d'entre vous, mais dites-vous que vous trouverez peut-être dans la pièce des comportements que vous avez déjà pu observer en société !

INTÉRÊT DE LA FORME : ★★★½☆
Ce qui va nous intéresser ici, c'est le registre comique de la pièce. Il va falloir vous pencher sur les types de comique, ce qui vous servira pour préparer un éventuel commentaire composé.

Voyez *Les Fausses Confidences* comme l'occasion de vous plonger dans un monde profondément marqué par les préjugés sociaux. D'après moi, regarder la pièce vaut vraiment la peine, que vous l'ayez déjà comprise ou non, car les jeux auxquels jouent les personnages sont à retrouver aussi bien dans la langue que dans les gestes (je pense notamment aux apartés).

LES FAUSSES CONFIDENCES, PRÉSENTATION DE L'ŒUVRE

Les Fausses Confidences est une comédie en trois actes jouée pour la première fois en 1737. Marivaux situe l'intrigue de la pièce dans un milieu bourgeois, où il montre comment les préjugés sociaux entravent un amour sincère.

Jeune bourgeois désargenté (c'est-à-dire qui a perdu sa fortune), Dorante fait son entrée dans la maison d'Araminte, une jeune veuve richissime dont il est tombé amoureux. Du temps où il avait de l'argent, il aurait peut-être pu prétendre l'épouser, mais étant donné la situation, il ose à peine l'approcher. Heureusement, Dorante peut compter sur la complicité de Dubois, son ancien valet désormais au service d'Araminte. Le valet se propose de l'aider à conquérir le cœur de sa nouvelle maîtresse, riche ou pauvre. Quelle sera sa stratégie ? Jouer un petit jeu subtil, faire entrer Dorante dans la tête d'Araminte sans qu'elle s'en aperçoive et l'obliger à se dévoiler.

JEU D'AMOUR : ENTRE MENSONGE ET VÉRITÉ

D'abord, il faut savoir que la comédie repose souvent sur un mensonge de départ. Le spectateur connaît les intentions cachées des uns et des autres ; il en rit. En l'occurrence, il s'agit du secret gardé par Dubois : Dorante entre chez Araminte en tant qu'intendant alors que sa véritable intention est de la séduire.

> « DORANTE. – Cette femme-ci a un rang dans le monde ; [...] et tu crois qu'elle fera quelque attention à moi, que je l'épouserai, moi qui ne suis rien, moi qui n'ai point de bien ? »

Dès le début, la problématique est posée : le statut de Dorante lui enlève toutes chances d'être aimé en retour, la vie est ainsi faite ! C'est pourquoi, il doit avoir recours à la ruse. Son premier stratagème cultive donc **le mensonge**. Mais Dorante n'a pas l'intention de mentir pour toujours : il est là pour avouer son sentiment à Araminte.

« DUBOIS. – Si vous lui plaisez, elle en sera si honteuse, elle se débattra tant, elle deviendra si faible, qu'elle ne pourra se soutenir qu'en vous épousant. »

Le domestique rend possible un amour entravé par la pression sociale qui pèse sur Araminte. Elle tombe amoureuse, mais dans un premier temps, elle refoule ses sentiments, ne se l'avoue même pas. Les raisons de ce déni sont la pudeur, la timidité, la peur, la raison. Il faut donc l'amener à voir clair dans son propre cœur et ensuite lui arracher l'aveu. Toutefois, Araminte résiste : une fois qu'elle s'en est rendu compte, elle fait tout ce qu'elle peut pour garder ce secret, refuse de l'avouer ; du moins, elle n'a pas l'intention de se ridiculiser si elle ne sent pas Dorante sincère avec elle. C'est donc contre elle-même qu'Araminte se débat.
À son tour, elle passe maître dans l'art de la manipulation, à la différence que son but à elle n'est pas d'entretenir le mensonge, mais d'obtenir **la vérité** de la bouche de Dorante. Elle pardonne, et la pièce s'achève sur leur début d'histoire. Ce qui est paradoxal, dans cette pièce, c'est le rôle du stratagème, qui au début sert le mensonge, puis favorise la vérité.

JEU DU LANGAGE ET MARIVAUDAGE

« ARAMINTE. – Vous donner mon portrait ! Songez-vous que ce serait avouer que je vous aime ?
DORANTE. – Que vous m'aimez, Madame ! Quelle idée ! Qui pourrait se l'imaginer ?
ARAMINTE. – Et voilà pourtant ce qui m'arrive. »

Chez Marivaux, les personnages sont hésitants. Par pudeur, ils éprouvent à la fois le désir et la peur d'être devinés, et ça se ressent dans les dialogues. Le marivaudage, c'est donc justement quand les mots servent à la fois à masquer et à avouer, à déguiser et à révéler les sentiments. C'est cette manière de tourner en rond avant de se dévoiler qui agace Voltaire.
Les personnages, il est vrai, jouent avec les mots pour éviter d'en dire trop, mais à certains moments, les interlocuteurs sont tellement pris en tenaille qu'ils ne maîtrisent plus leur rapport au langage ! On a l'impression que le langage leur échappe ; ils se font prendre à leur propre jeu. Malgré lui, l'amoureux finit par se trahir. Eh oui, **le langage est une arme**, nous dit Marivaux, une arme pouvant se retourner contre son possesseur.
Il est d'autant plus dangereux qu'il permet aux autres de nous manipuler : il peut s'avérer trompeur, il faut donc s'en méfier.

« DUBOIS. – Il a un respect, une adoration, une humilité pour vous, qui n'est pas concevable. Est-ce que vous croyez qu'il songe à être aimé ? Nullement. »

Intéressons-nous au titre : *Les Fausses Confidences*. Contrairement au secret que l'on garde pour soi, la confidence renvoie à l'acte de *partager* un secret avec quelqu'un. Représentez-vous la personne à qui vous raconteriez votre secret le plus profond, elle fait sans doute partie de votre entourage proche, votre

sœur, votre frère, un ami... En cette personne, vous avez forcément confiance, et logiquement, ce doit être réciproque. Dès lors, pourquoi lui mentiriez-vous ? De la même manière, pourquoi Marivaux associe-t-il le terme *fausse* à *confidence* si cette dernière est le résultat d'un pacte de vérité entre deux personnes ? Et surtout, quelle est la différence entre une fausse confidence et un mensonge ? Il y a presque un oxymore dans ce titre !
Marivaux fait don à Dubois d'une parfaite maîtrise du langage, si bien que lorsqu'il fait part à Araminte de l'amour de Dorante, il lui retourne le cerveau. Effectivement, Dorante aime Araminte ; la confidence est donc vraie. Mais alors, pourquoi *fausse* ? La démarche de Dubois est malhonnête : il lui avoue l'amour de Dorante, mais lui fait croire qu'il trahit le secret de son ancien maître par loyauté envers elle, alors qu'il a bien spécifié, dès le début de la pièce, qu'il était du côté de Dorante. Dubois abuse donc de la confiance d'Araminte et, ainsi, la manipule.

JEU THÉÂTRAL : INVERSION DES RÔLES

> « DUBOIS. – Je connais l'humeur
> de ma maîtresse, je sais votre mérite,
> je sais mes talents, je vous conduis,
> et on vous aimera, toute raisonnable qu'on est ;
> on vous épousera, toute fière qu'on est,
> et on vous enrichira, tout ruiné que vous êtes. »

Ce valet, Dubois, est d'ailleurs bien astucieux, un peu trop même. Alors qu'il représente la classe sociale la plus opprimée dans la réalité de l'époque, il prend sa revanche dans la pièce de Marivaux. Le dramaturge lui donne une place centrale, la plus importante, celle du **maître du jeu**, celui qui tire les ficelles et manipule les sentiments des personnages. Il devient le metteur en scène de cette pièce où tous les personnages s'apparentent à des pantins dont il fait ce qu'il veut.

Ainsi, le valet prend le dessus sur ses maîtres : Dorante lui est redevable, Araminte tombe dans son piège. On assiste à une **inversion des rôles** par rapport à la hiérarchie sociale, et en cela la pièce est subversive. Celle-ci brouille les frontières sociales, fait réfléchir le spectateur en lui montrant que la valeur d'un homme réside dans son intellect, pas dans son patrimoine.

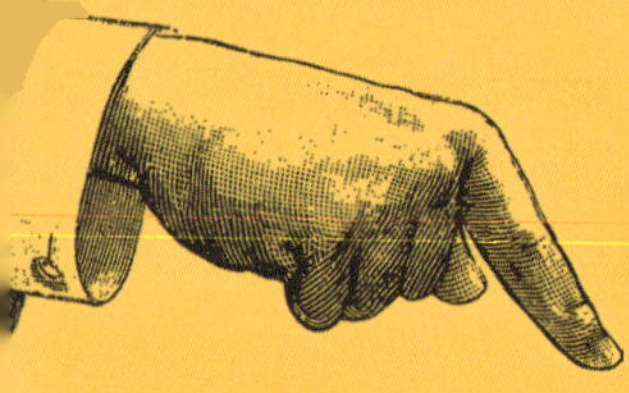

L'Île des esclaves

« Bof, l'œuvre est sympa mais n'a pas beaucoup d'intérêt. »

MON AVIS

FACILITÉ DE LECTURE : ★★★★★
Il s'agit d'un tout petit bouquin, qui raconte toute l'histoire en un seul acte. L'action est claire, rien ne vient complexifier l'intrigue, on ne peut clairement pas faire plus simple !

INTÉRÊT DU FOND : ★★★★★
Marivaux utilise le théâtre pour jouer avec les conventions sociales de son époque. Il est capable, en si peu de temps, de traiter de nombreux thèmes comme le pouvoir, la hiérarchie sociale, la tolérance, et même l'éducation.

INTÉRÊT DE LA FORME : ★★★★☆
Le style de Marivaux est un véritable tour de force apportant à la profondeur des réflexions possibles une grande légèreté grâce au registre comique. On apprend en s'amusant.

Si vous lisez la pièce comme une expérience sociale, vous allez l'adorer. À la fois divertissante et émouvante, elle ne m'a pas laissé le temps de m'ennuyer, je vous assure.

L'ÎLE DES ESCLAVES, PRÉSENTATION DE L'ŒUVRE

L'Île des esclaves est une pièce de théâtre comique, composée d'un acte et divisée en 11 scènes. Elle est représentée pour la première fois en 1725 à l'Hôtel de Bourgogne par les Comédiens-Italiens.

À la suite d'un naufrage, quatre personnages s'échouent sur une île : Euphrosine et Iphicrate, deux maîtres accompagnés chacun de son esclave, Cleanthis et Arlequin.

« TRIVELIN. – Nous vous jetons dans l'esclavage pour vous rendre sensibles aux maux qu'on y éprouve ; nous vous humilions, afin que, nous trouvant superbes, vous vous reprochiez de l'avoir été. »

L'île est connue comme une dictature dans laquelle les maîtres sont jetés dans l'esclavage, tandis que les esclaves prennent le pouvoir. Cette inversion des rôles doit délivrer un enseignement aux maîtres et aux valets, puisqu'on attend des maîtres qu'ils remettent en question la cruauté dont ils ont pu faire preuve envers leurs esclaves, et on attend des esclaves qu'ils se montrent indulgents envers leurs maîtres. Même s'ils ont le droit de profiter de ce nouveau statut qui leur est attribué, on les prévient : soyez humbles, ne faites pas aux autres ce que vous n'avez pas aimé qu'on vous fasse. (Ce n'est pas une citation, mais une reformulation, ne l'utilisez pas telle quelle !) L'expérience fonctionne, puisqu'à la fin de l'histoire tous regrettent d'avoir été mauvais les uns envers les autres. Ces regrets se transforment en excuses, les excuses se transforment en pardon, et ils sont libres de retourner à Athènes.

JEU THÉÂTRAL : INVERSION DES RÔLES

« TRIVELIN. – Changez de nom à présent ; soyez le seigneur Iphicrate à votre tour ; et vous, Iphicrate, appelez-vous Arlequin, ou bien Hé. »

Nous avons ici affaire à ce qu'on appelle le **théâtre dans le théâtre** : il y a deux niveaux de théâtre. Admettons que le comédien qui joue le rôle d'Arlequin en 1725 s'appelle Pierre. Alors qu'il est dans le rôle du valet, un autre personnage de la pièce lui demande d'en changer. C'est Trivelin, qui intervient dès la deuxième scène pour procéder à l'inversion des rôles sur scène : les esclaves deviennent les maîtres et les maîtres deviennent les esclaves, et ce devant les yeux du spectateur. Pierre se retrouve dans la peau d'Arlequin qui lui-même joue le rôle d'Iphicrate.

Ce procédé de **mise en abyme** existe aussi dans le cinéma. Par exemple, Damien Chazelle donne le rôle principal de *La La Land* (2016) à Emma Stone, une véritable star d'Hollywood à l'heure actuelle. Celle-ci interprète le rôle de Mia, une jeune comédienne qui joue au moins une petite dizaine de rôles différents dans le film dans l'espoir de devenir… une star d'Hollywood. Je récapitule donc : Emma joue le rôle de Mia, qui joue les rôles de policière, maîtresse d'école, etc.

JEU SOCIAL : INVERSION DES STATUTS

> « TRIVELIN. – Je n'ai rien à ajouter aux leçons que vous donne cette aventure ; [...] La différence des conditions n'est qu'une épreuve que les dieux font sur nous. »

L'inversion des rôles n'est pas qu'un ressort comique, elle propose également une **critique de la société inégalitaire**, où les faibles sont les victimes des puissants. Pour le comprendre, il faut étudier le cadre dans lequel elle s'opère, celui de l'expérience sociale.

> Quinze ans après la Seconde Guerre mondiale, un professeur d'histoire propose à ses élèves une expérience sociale afin de mieux comprendre comment le peuple allemand s'est laissé envahir par le nazisme : pendant cinq jours, il se positionne en chef et leur donne le sentiment d'appartenir à une élite. À ses ordres, les élèves se plient avec une étonnante discipline, reconnaissant en lui leur nouveau leader. La situation devient alarmante lorsque même le professeur se laisse prendre au jeu qu'il a initié sans autre arrière-pensée que l'instruction. Todd Strasser raconte cette histoire vraie dans son roman *La Vague* (1981), adapté au cinéma en 2008.

L'Île des esclaves redéfinit les relations entre maîtres et esclaves, et considère la réaction des individus lorsque les bases de leur statut sont remises en cause. En fait, cette expérience sociale que vivent les personnages sert de prétexte à une exploration approfondie des relations sociales, des préjugés, et des dynamiques de pouvoir.
En conclusion, l'inversion des rôles chez Marivaux apporte une dimension satirique et subversive à la pièce.

ALFRED DE MUSSET (1810-1857)

« Une femme est comme votre ombre, courez après, elle vous fuit ; fuyez-la, elle vous court après ! »

Maître de la mélancolie romantique du XIXe siècle, Alfred de Musset, auteur, poète et dramaturge, est un virtuose des sentiments. Il vit avec l'écrivaine George Sand deux ans de passion, marquée par l'excès, les nombreuses ruptures et la tromperie. C'est sans doute cette relation qui rend ses œuvres aussi sincères et qui le motive à plonger dans les profondeurs de l'esprit. Son théâtre capture les tourments passionnés de l'amour et de la trahison à travers des dialogues percutants. Il dépeint les agitations que provoquent les jeux de séduction et les masques que revêtent les individus dans la société.

Affecté par la dépression et l'alcoolisme, au-delà de la trentaine, il réduit son activité d'écriture. Sa santé se détériore considérablement, et Alfred de Musset s'éteint à l'âge de 47 ans, après être quasiment tombé dans l'oubli.

On ne badine pas avec l'amour

« C'est quoi ce titre ?? »

MON AVIS

FACILITÉ DE LECTURE : ★★★★☆
L'intrigue est simple et facile à suivre ; le langage clair et accessible ; et les dialogues fluides et faciles à comprendre.

INTÉRÊT DU FOND : ★★★★☆
Cette pièce explore les conséquences néfastes de la passion et de l'ambiguïté dans les relations amoureuses, des thèmes intemporels que vous pourrez comparer à beaucoup d'autres œuvres !

INTÉRÊT DE LA FORME : ★★★★☆
Chez Musset, le langage sert à exprimer les émotions profondes des personnages. C'est l'occasion de se plonger dans le courant romantique.

J'ai été très étonnée de la fin de cette histoire, que j'imaginais heureuse. La pièce tout entière reprend les codes de la comédie, que l'on a vus chez Marivaux : deux personnages s'aiment mais refusent de se l'avouer, d'abord à eux-mêmes puis à l'être aimé. La fin est très brutale, j'en ai été agréablement surprise. Je pense que ça peut vous plaire !

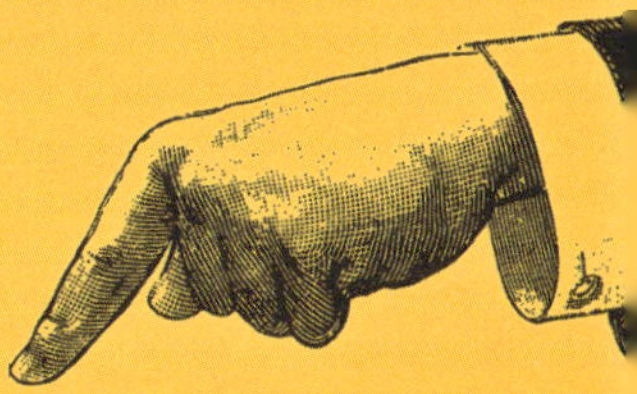

ON NE BADINE PAS AVEC L'AMOUR, PRÉSENTATION DE L'ŒUVRE

Alfred de Musset écrit *On ne badine pas avec l'amour*, une pièce romantique en trois actes, en 1834. L'action se déroule au château du Baron, qui souhaite marier son fils Perdican à sa cousine Camille, avec qui il a grandi et dont il a toujours été très proche. Le mariage va de soi.

> « PERDICAN. – Tu as dix-huit ans, et tu ne crois pas en l'amour ! »

À l'époque et dans certains milieux sociaux, l'éducation des jeunes filles a lieu au couvent. Il se trouve que, pendant dix ans, Camille a été éduquée par des religieuses qui y sont entrées après avoir été trahies, déçues, humiliées par de très douloureuses histoires d'amour. Elle a donc naturellement développé une méfiance envers les hommes, et se montre extrêmement froide à l'égard de Perdican qui, lui, se réjouissait pourtant du mariage. Mais tant pis, il se tourne vers Rosette, une jeune paysanne qui accepte son amour.
Cela provoque une réaction de jalousie chez Camille, qui avait en réalité étouffé ses sentiments depuis les retrouvailles, par orgueil et par gêne. En fin de compte, les deux cousins doivent se rendre à l'évidence : ils s'aiment. L'espace d'un instant, ils oublient tout, mais il est trop tard, Rosette a assisté à la déclaration d'amour et s'est laissée mourir de chagrin. Ce qui ressemblait à une comédie devient une tragédie intime, et la pièce se termine brutalement sur cette dernière réplique de Camille : « Elle est morte. Adieu, Perdican. »

JEU D'AMOUR : LES CONSÉQUENCES D'UNE FIERTÉ MAL PLACÉE

> « PERDICAN. – Il a bien fallu que la vanité, le bavardage et la colère vinssent jeter leurs rochers informes sur cette route céleste, qui nous aurait conduits à toi dans un baiser ! »

On est d'accord que ce malheur n'aurait jamais eu lieu si les personnages avaient, dès le début, vu clair dans leur cœur… Comment cette histoire a-t-elle tourné au drame, qu'est-ce qui provoque ce dénouement ?

La contrariété

Perdican ne supporte pas que Camille puisse penser lui avoir brisé le cœur. Et surtout, l'idée qu'elle fasse croire cela à Louise (une personne qu'il n'a jamais vue !) est insoutenable pour son amour-propre. Alors il laisse l'orgueil et la vanité dicter ses actes.

Camille, quant à elle, ne supporte pas qu'il tourne la page aussi rapidement. Elle décide de retourner au couvent et de consacrer sa vie à Dieu, mais pas avant de s'être assurée que ce mariage n'aura pas lieu.

Ces contrariétés sont la **conséquence d'un amour depuis le départ inavoué**. Trop fiers pour reconnaître leur erreur, Camille et Perdican entament une série de jeux très dangereux :

- 1er jeu (inconscient) : Camille refoule ce qu'elle ressent.
- 2e jeu (inconscient) : Perdican trouve réconfort dans les bras de Rosette, sœur de lait de Camille.
- 3e jeu : Camille blesse Perdican à son tour, en écrivant à son amie qu'elle repart triomphante, laissant son cousin désespéré d'amour pour elle.
- 4e jeu : Perdican la fait assister à sa demande en mariage à Rosette.
- 5e jeu : Camille veut le piéger et lui faire avouer qu'il n'épousera pas Rosette devant la petite paysanne.
- 6e jeu : Perdican reste sur ses positions et maintient qu'il épousera Rosette.

« PERDICAN. – Nous sommes deux enfants insensés, et nous avons joué avec la vie et la mort ; mais notre cœur est pur. »

Ainsi, les deux personnages sont dans la surenchère : dès que l'un attaque, l'autre répond. Mais les faux-semblants et les jeux de masques ont des conséquences tragiques : **le jeu se retourne contre les personnages**, et la première victime en est Rosette.

JEU DE RÔLES : LES FAUX-SEMBLANTS

« PERDICAN. – Lequel de nous deux a voulu tromper l'autre ? »

Mentir nous oblige à jouer la comédie, à nous faire passer pour ce que nous ne sommes pas, à jouer un rôle. C'est le cas de Camille, qui cache un amour sincère derrière une façade de froideur. À l'intérieur, elle se débat entre son amour pour Perdican et son désir de maintenir une certaine distance émotionnelle. Elle a peur, dans un premier temps. Puis quand les choses se gâtent, c'est par fierté, je vous le disais, qu'elle dissimule ses sentiments pour Perdican.
Toujours est-il que nous sommes à nouveau dans le cas de figure du **théâtre dans le théâtre** (voir p. 112), puisque la comédienne, appelons-la Béatrice, joue le rôle d'une Camille amoureuse, qui elle-même joue le rôle d'une Camille indifférente.
Mais si la mise en abyme a pour but de divertir le spectateur habituellement, elle devient chez Musset un instrument de souffrance. Perdican et Camille jouent la comédie d'une manière qui va au-delà de l'innocence. Les jeux se mêlent à une cruauté latente. Deux autres exemples de théâtre dans le théâtre seraient les moments où Camille et Rosette se cachent et deviennent les **spectatrices** d'une scène qui se joue devant elles. Dans le premier cas, c'est Perdican qui orchestre tout : il fait venir Camille pour qu'elle assiste discrètement à sa demande en

mariage, le but étant de la rendre jalouse. Dans le second, c'est Camille qui s'improvise metteuse en scène : elle invite Rosette à se cacher derrière le rideau pendant qu'elle arrache à Perdican l'aveu de son désintérêt pour sa sœur de lait. Ce jeu aussi leur échappe : à la fin, Rosette n'a plus besoin d'un metteur en scène, elle se fait elle-même spectatrice, observe une scène que les amants n'ont pas calculée, et en meurt.

Les personnages adoptent des rôles, se cachent derrière des apparences, mais Musset révèle la fragilité de ces masques. Il nous montre par là les **conséquences tragiques d'un jeu de rôles mal maîtrisé**.

Ainsi, le titre de la pièce étant un proverbe, « on ne badine pas avec l'amour », il peut être compris comme la morale de cette histoire : il faut prendre l'amour au sérieux, surtout ne pas se risquer à des jeux trop dangereux.

Sur Marivaux

PAUL VALÉRY DISAIT :

« LA VÉRITÉ A BESOIN DE MENSONGE — CAR COMMENT LA DÉFINIR SANS CONTRASTE ? »

DE QUELLE MANIÈRE CETTE PENSÉE MET-ELLE EN LUMIÈRE LE LIEN ENTRE MENSONGE ET VÉRITÉ DANS *LES FAUSSES CONFIDENCES* DE MARIVAUX ?

Je reformule : De quelle manière Marivaux fait-il du mensonge une condition nécessaire pour obtenir la vérité dans sa pièce *Les Fausses Confidences* ?

I. En premier lieu, nous allons discuter du double usage du stratagème, entre mensonge et vérité.

A. Fidèle au schéma de la comédie, l'enjeu de toute la pièce est de faire émerger la vérité des sentiments.

B. Cependant, toute la comédie repose sur un mensonge de départ, cultive ce mensonge pour arriver à ses fins.

II. De plus, le mélange paradoxal de mensonge et de vérité est annoncé comme parti pris de toute la pièce.

A. Le titre antithétique révèle le caractère indissociable de ces deux pôles opposés.

B. Toute la manipulation opérée par Dubois devant passer par le langage, la place de la parole est absolument essentielle dans cette pièce.

III. Enfin, il existe une ambiguïté constante au sujet des personnages : tous ont une complexité de caractère et l'on devine difficilement leurs réelles intentions.

A. On peut s'interroger sur les réelles intentions de Dubois, un homme calculateur qui semble pourtant servir Dorante sans la moindre arrière-pensée.

B. Par ailleurs, Dorante, lui aussi, se présente comme un personnage uniquement animé par l'amour, mais cet amour, il le voue justement à une femme riche…

Sur Alfred de Musset

JEAN GIRAUD ÉCRIT À PROPOS DE CAMILLE :

« ELLE EST TOUT ORGUEIL. ELLE MET UNE INTELLIGENCE AIGUË, UNE VOLONTÉ REDOUTABLE, AU SERVICE DE SON AMOUR-PROPRE. »

EN ANALYSANT LE COMPORTEMENT DES PROTAGONISTES, VOUS MONTREREZ QUE CE « PROVERBE » DE MUSSET EST EFFECTIVEMENT UN DRAME DE L'ORGUEIL. MAIS N'EST-IL QUE CELA ?

Je reformule : Peut-on dire que l'orgueil est le seul vice à l'origine du drame à l'œuvre dans *On ne badine pas avec l'amour* ?

I. Dans un premier temps, il est clair que le proverbe prévient des dangers de l'orgueil.

A. Les sentiments longtemps ignorés rattrapent les personnages qui feignent l'indifférence au lieu de tout avouer.

B. C'est leur refus de reculer face à cette stratégie de départ qui fait un dommage collatéral et tue une personne innocente.

II. Cependant, l'orgueil est loin d'être le seul vice coupable de la finalité tragique : le proverbe prévient également des dangers du jeu.

A. Les personnages pourraient se contenter de s'ignorer jusqu'à la fin de la pièce, mais ils entrent dans un jeu de masques.

B. La surenchère les mène à jouer à plusieurs niveaux, et c'est bien cette mise en abyme qui a des conséquences désastreuses.

III. En réalité, le proverbe prévient des dangers qu'il existe à plaisanter autour d'un sujet aussi sérieux que l'amour.

A. La conception de l'amour dont hérite Camille au couvent n'apparaît pas comme la seule acceptable, mais c'est une morale qui prévient déjà de l'inconstance des sentiments amoureux chez les jeunes personnes.

B. La pièce explore la dualité de la nature humaine : les personnages représentent la lutte constante entre la superficialité et la profondeur dans les relations.

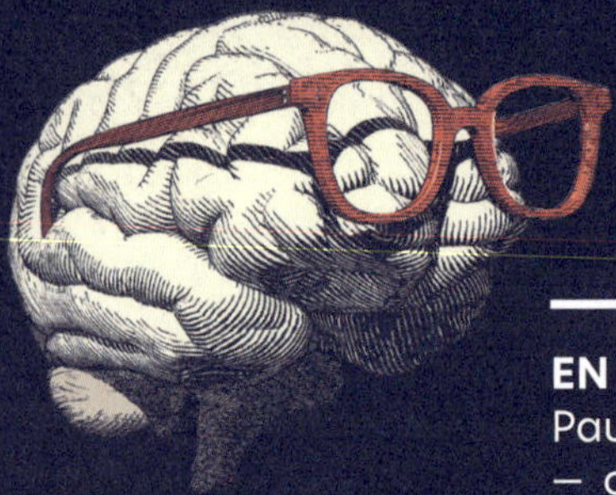

POINT MÉTHODE
ANALYSE DU SUJET

EN CAS DE CITATION
Paul Valéry disait : « La vérité a besoin de mensonge – car comment la définir sans contraste ? » De quelle manière cette pensée met-elle en lumière le lien entre mensonge et vérité dans *Les Fausses Confidences* de Marivaux ?

À NE PAS FAIRE
« Nous nous demanderons de quelle manière ce propos de Paul Valéry s'applique aux *Fausses Confidences* de Marivaux. »

Reprendre la deuxième partie du sujet en ignorant la citation, car c'est bien la citation qui compte dans l'analyse du sujet !

À FAIRE

1. Isoler le propos entre guillemets.
2. Surligner tous les mots-clés de la citation.
3. Leur trouver un synonyme.
4. Reformuler la question en changeant l'ordre des mots si nécessaire, garder la tournure interrogative de départ pour ne pas se tromper de direction.

« La vérité a besoin de mensonge – car comment la définir sans contraste ? »
De quelle manière cette pensée met-elle en lumière le lien entre mensonge et vérité dans *Les Fausses Confidences* de Marivaux ?

Je reformule :
De quelle manière Marivaux fait-il du mensonge une condition nécessaire pour obtenir la vérité dans sa pièce *Les Fausses Confidences* ?

Dictionnaire
culturel
LE ROBERT

VOLTAIRE

ET L'IRONIE

L'IRONIE, QU'EST-CE QUE C'EST ?

« L'ironie consiste à dire, par une raillerie, ou plaisante, ou sérieuse, le contraire de ce qu'on pense, ou de ce qu'on veut faire penser. »
Pierre Fontanier, *Les Figures du discours*

J'aimerais que vous envisagiez l'ironie comme un jeu, un jeu auquel joue l'auteur. Il fait preuve d'ironie quand il vous dit quelque chose, mais avec un petit sourire caché derrière les mots, comme s'il vous lançait un clin d'œil en même temps. Ce qu'il vous dit, c'est précisément le contraire de ce qu'il pense, et il le fait exprès. Il y a de la moquerie dans l'ironie, de la défiance : saurez-vous la déceler ?
Ce n'est pas tout. L'auteur peut aller bien au-delà des simples jeux de mots ou des sourires en coin : il peut dissimuler un message profond derrière un ton léger. En ce sens, l'ironie se présente comme un **moyen détourné** d'exprimer des idées qui ne passeraient pas la censure. Oui mais voilà, pour que ça fonctionne, le lecteur doit percevoir l'ironie et comprendre ce message caché ! Ce type d'œuvre subversive (c'est-à-dire menaçante pour l'autorité en place) n'a d'intérêt que si l'ironie est devinée. Elle est donc l'occasion d'exercer **l'esprit critique du lecteur**. La part d'interprétation a donc toute son importance.

ET À L'ÉPOQUE ?

Au XVIIIe siècle, on assiste à l'apothéose de l'homme de lettres qui est comme investi d'une mission : il combat les préjugés, apparaît comme un **guide des consciences**. Il a deux cibles favorites, le despotisme (c'est-à-dire l'abus de pouvoir) et le fanatisme religieux. Mais attention à la censure ! Nous sommes dans un contexte sociopolitique extrêmement délicat : l'Ancien Régime, qui centralise tout le pouvoir en la seule personne du roi, et qui empêche le peuple de penser librement sous le couvert de l'Église. On ne dit donc pas ce qu'on veut en cette veille de Révolution. C'est ainsi que, tout naturellement, s'impose un genre déprécié jusqu'alors, à savoir le roman. Enfin, le récit de manière plus générale : romans, nouvelles, contes... Et pourquoi maintenant ? La nécessité de véhiculer *discrètement* des idées subversives fait du récit un allié de taille pour les philosophes des Lumières. Ils peuvent désormais placer leurs analyses de la société dans la bouche de personnages fictifs, n'ayant jamais existé et n'ayant jamais tenu de tels propos. Le style est plus léger qu'un discours adressé à la nation, et la censure est évitée.

VOLTAIRE (1694-1778)

De son vrai nom François-Marie Arouet, Voltaire fait ses études chez les jésuites, où très vite, il révèle un côté impertinent qui deviendra sa marque de fabrique. D'après Voltaire, l'homme est né pour l'action. Aussi, il a toujours éprouvé le besoin d'agir. Comme je vous le disais plus haut, le philosophe des Lumières s'attaque volontiers au despotisme et au fanatisme, et Voltaire ne manque pas à l'appel : il rédige des épigrammes impertinentes contre le Régent, Philippe d'Orléans, et multiplie les pamphlets anonymes, dont certains prennent pour cible la religion chrétienne.

« Le monde est une horloge et cette horloge a besoin d'un horloger. »
Les Cabales

Pourtant, Voltaire croit en Dieu, mais il ne croit pas en la Providence, ni en un être avec lequel l'homme pourrait entretenir une relation. Il est **déiste**, et en ce sens voit Dieu comme un horloger : le monde serait une horloge, un système complexe, qui a son créateur, l'horloger. Entre l'horloge et l'horloger, il n'y a pas de dialogue, l'horloger n'est que le créateur tout-puissant de ce mécanisme. Oui, c'est bien cela : Voltaire croit en un dieu lointain, qui existe mais qui observe sa création à distance, sans s'inquiéter de nous individuellement. Il ne nous jugerait pas, ne nous sauverait pas non plus.
Cette vision du monde lui permet de croire que l'homme peut s'amender, devenir meilleur s'il le souhaite, s'il y travaille ; pas pour Dieu, mais pour lui-même et pour la société. Loin du fanatisme, le philosophe prône des **valeurs de tolérance**.

CANDIDE OU L'OPTIMISME, L'ATTAQUE ENVERS LEIBNIZ

« Candide, épouvanté, interdit, éperdu, tout sanglant, tout palpitant, se disait à lui-même : "Si c'est ici le meilleur des mondes possibles, que sont donc les autres ?" »

Candide est un conte philosophique publié en 1759 et, si tout le monde sait que Candide ne connaît rien à la vie, peu de gens connaissent véritablement *Candide*.
Voltaire est connu pour attaquer frontalement ou subtilement les personnes avec qui il est en désaccord. Eh bien ici c'est plutôt implicite, sauf si on connaît Leibniz. Au début du XVIIIe siècle, Leibniz développe la **philosophie de l'optimisme** : Dieu aurait créé dans sa bienveillance le meilleur des mondes possibles. Attention, il ne veut pas dire que le monde dans lequel nous sommes est parfait, mais simplement qu'Il a tout agencé de la manière qui lui semblait la meilleure.

Cependant, quatre ans après le tremblement de terre de Lisbonne, Voltaire ne supporte pas l'idée d'après laquelle nous sommes dans le meilleur des mondes possibles. D'après lui, le monde contient une quantité de souffrance trop grande pour justifier l'optimisme de Leibniz. Alors il écrit *Candide* avec un œil très ironique afin de ridiculiser cette philosophie. Évidemment, Voltaire dénature le propos de Leibniz.

« Pangloss m'a donc bien cruellement trompée, quand il me disait que tout va le mieux du monde. »

L'auteur s'en prend à Leibniz à travers le personnage de Pangloss, le grand philosophe du conte (vous la sentez, l'ironie ?), qui en est la caricature : « Pangloss avouait qu'il avait toujours horriblement souffert ; mais ayant soutenu une fois que tout allait à merveille, il le soutenait toujours, et n'en croyait rien. » Candide est imprégné de cette doctrine de Pangloss, il croit au début du livre que le monde est parfait, puis voit toute l'horreur que l'humain est capable de créer, ce qui remet en question sa philosophie.

LE VOYAGE INITIATIQUE PARODIÉ

On a affaire à une parodie du **récit d'apprentissage**, doublé d'un récit d'**aventures**. Mais qu'est-ce que c'est au juste ?

Pensez à toutes les histoires de héros que vous connaissez, *Harry Potter*, par exemple, de J.K. Rowling. L'histoire s'ouvre sur un jeune garçon ignorant qui a encore tout à apprendre. L'école de sorcellerie et surtout les différentes aventures qu'il vivra lui ouvriront les yeux sur le monde et feront de lui un grand sorcier. C'est ce qu'on appelle un voyage initiatique.

Le récit d'apprentissage narre les aventures d'un héros qui connaîtra de bons comme de mauvais moments, des victoires comme des défaites. De ce voyage, le héros tire un apprentissage, une leçon de vie.

« Je voudrais savoir lequel est le pire,
ou d'être violée cent fois par des pirates nègres,
d'avoir une fesse coupée, de passer par
les baguettes chez les Bulgares, d'être fouetté
et pendu dans un auto-da-fé, d'être disséqué,
de ramer en galère, d'éprouver enfin toutes
les misères par lesquelles nous avons tous passé,
ou bien de rester ici à ne rien faire ? »

La réalité du monde frappe Candide, oui, mais contrairement aux héros des récits d'aventures, il ne sauve pas le monde ni ne réalise de grands exploits. Ses aventures sont souvent malchanceuses et même souvent ridicules. Le jeune homme part à la recherche du « meilleur des mondes », mais il se retrouve confronté à une succession d'atrocités : la prison, le meurtre, le naufrage, les catastrophes naturelles... Voltaire accumule toutes les formes de mal dans une société qu'il critique sévèrement pour les violences de l'Histoire, l'intolérance religieuse, l'égoïsme des hommes, la violence envers les femmes, la punition des innocents, parfois plus que des coupables. Et de ses malheurs, le lecteur ne peut que rire !

LE STYLE DE VOLTAIRE

« Monsieur le baron était un des plus puissants seigneurs de la Westphalie, car son château avait une porte et des fenêtres. »

L'écriture de Voltaire est très synthétique, ce n'est donc pas une lecture très compliquée en surface, mais il fait constamment des allusions, soit à l'actualité politique de l'époque, soit à d'autres hommes de lettres ou de sciences. L'ironie est son outil de prédilection.
Le genre du conte offre une grande liberté créative à Voltaire, un terrain propice pour exprimer sa vision satirique du monde. C'est là où il est le plus original. On reconnaît aisément sa griffe : il recourt énormément aux dialogues grâce auxquels il oppose deux points de vue. Il ne craint pas d'utiliser le ridicule, par lequel il discrédite ses opposants et met en lumière les absurdités de certaines idées ou de certains comportements.

UN AUTEUR EN LIEN : RENÉ BARJAVEL

René Barjavel (1911-1985) est un écrivain polyvalent du XXe siècle. Surtout reconnu pour ses œuvres de science-fiction, il écrit en 1943 *Ravage*, une **dystopie** prévoyant la disparition de l'électricité et ainsi, de toute une civilisation.

Qu'est-ce que la dystopie, au juste ? Il s'agit d'un genre littéraire et cinématographique dans lequel l'auteur ou le réalisateur imagine une société décadente, qui a mal tourné. C'est le contraire de l'utopie ! Elle se tient souvent dans un futur proche ou lointain.

> Dans sa saga *Hunger Games* (2012-2015), Suzanne Collins évoque une société contrôlée par un gouvernement totalitaire, appelé le Capitole. Chaque année, pour rappeler sa domination, le Capitole organise les « Hunger Games », un événement où vingt-quatre adolescents doivent se battre jusqu'à la mort, devant les caméras de télévision, pour divertir les habitants du Capitole.

Barjavel nous raconte une histoire qui se déroule en 2052, en France. Au début du livre, l'auteur brosse un portrait très satirique d'une société endoctrinée et privée de liberté, convaincue pourtant d'être à la pointe du progrès. À la suite de la soudaine disparition de l'électricité, les hommes se déchirent pour la survie, et la civilisation disparaît au bout de quelques semaines. Mais un petit groupe de personnes en réchappe et forme une nouvelle société, rejetant toutes les lois liberticides qu'elle a connues et toute confiance en le progrès : elle cultive le retour aux sources, à la terre, et s'interdit d'avoir accès à la technologie.

« François a rétabli une religion basée sur l'amour de Dieu, de la famille et de la vérité, et le respect du voisin. Il est à la fois chef temporel et spirituel. Il délègue sa double autorité aux chefs de vallée, chefs de village, chefs de ferme. Il surveille avec fermeté le développement de la civilisation nouvelle et réprime sans pitié tout attentat à la douceur des mœurs. »

Seulement voilà, ce nouveau corps social se voit incomber la lourde tâche de construire toute une civilisation, une nouvelle culture. Pensant bien faire, elle finit par commettre les erreurs du passé et imite les pratiques et comportements qui ont provoqué sa chute, sous couvert de nouvelles lois, tout aussi oppressives et totalitaires. La politique a changé de doctrine, mais elle a le même aspect. Les hommes n'ont rien appris, nous dit Barjavel, avec une ironie subtile mais bien présente.

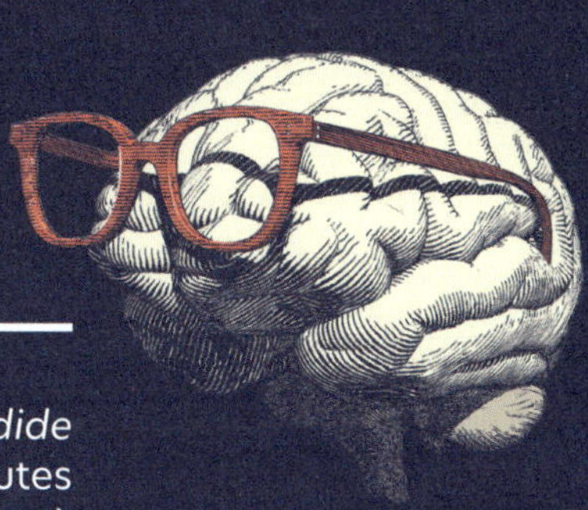

POINT MÉTHODE QUESTIONS/RÉPONSES À L'ENTRETIEN SUR LE LIVRE

Admettons que vous veniez de présenter *Candide* à l'oral et de justifier votre choix. Les cinq minutes qui suivent cette prise de parole sont dédiées à l'entretien : votre examinateur vous posera une série de questions, objectives ou subjectives. Dans les deux cas, je vous recommande vivement de les préparer. Même si la question diffère de celles que vous aurez en tête, vous aurez au moins fait des recherches et aurez plein de choses à dire sur l'œuvre, que vous devez connaître mieux que quiconque, j'insiste !

En voici quelques exemples.

QUE POUVEZ-VOUS ME DIRE SUR LE STYLE DE L'AUTEUR ?

L'ironie accentue le registre comique présent dans l'œuvre, ce qui est assez paradoxal, vu les atrocités que traversent les personnages de *Candide*. Le comique qui revient le plus souvent est le comique de caractère : les personnages sont poussés à la caricature, ils sont réduits à un seul trait de caractère. On peut par exemple le voir dans le nom que Voltaire a donné à son personnage principal. « Candide » signifie « innocent », « ingénu », et c'est la position de Candide au début de l'histoire.

POURQUOI PENSEZ-VOUS QUE CE TITRE EST ADAPTÉ ? SI VOUS DEVIEZ LUI DONNER UN AUTRE TITRE ?

Le titre est adapté car « candide » vient du latin *canda*, « blanc ». Au sens figuré, est candide celui qui est innocent, au point de croire en la bonté de la nature humaine alors même que le monde lui crie tout le contraire. Il est donc extrêmement crédule, d'ailleurs il lui faut bien des aventures pour oser remettre en question ce que Pangloss lui a appris. Si je devais donner un autre titre à cette œuvre, je dirais, pour rester dans l'attaque à Leibniz, *Le Pessimisme*.

QUEL EST L'EXTRAIT QUI VOUS A LE PLUS MARQUÉ ? POUVEZ-VOUS ME LE LIRE ?

« "C'en est assez, lui dit-on, vous voilà l'appui, le soutien, le défenseur, le héros des Bulgares ; votre fortune est faite, et votre gloire est assurée." On lui met sur-le-champ les fers aux pieds, et on le mène au régiment. On le fait tourner à droite, à gauche, hausser la baguette, remettre la baguette, coucher en joue, tirer, doubler le pas, et on lui donne 30 coups de bâton ; le lendemain, il fait l'exercice un peu moins mal, et il ne reçoit que 20 coups ; le surlendemain, on ne lui en donne que 10, et il est regardé par ses camarades comme un prodige. Candide, tout stupéfait, ne démêlait pas encore trop bien comment il était un héros. »

> → J'ai choisi cet extrait, car c'est la première fois que Candide est confronté au monde réel. C'est le premier élément qui dénonce la cruauté de l'homme. Cet extrait montre aussi le caractère de Candide, trop crédule, qui a pris au premier degré la phrase des Bulgares au sujet du fait qu'il soit un héros.

À QUELLE AUTRE ŒUVRE LITTÉRAIRE CE LIVRE VOUS FAIT-IL PENSER ? QUEL LIEN Y A-T-IL ENTRE LES DEUX ?

Cette œuvre me rappelle *Les Voyages de Gulliver* de Jonathan Swift, un roman écrit en 1727. Je me suis renseigné et j'ai appris que Voltaire était un grand admirateur des Lumières anglaises, qu'il se serait inspiré des auteurs éclairés de l'époque. Jonathan Swift raconte l'histoire d'un homme qui, comme Candide, part en voyage, et visite différents univers. Ses rencontres lui permettent de remettre en question ce qu'il a toujours vu et pensé quand il restait chez lui. Comme Candide, il va se rendre compte de la cruauté et de la bêtise humaine, et lui finira dégoûté des hommes.

COMMENT A ÉTÉ REÇUE L'ŒUVRE AU MOMENT DE SA PUBLICATION ?

Il faut savoir que *Candide* est présenté par l'auteur comme une simple traduction de l'allemand des écrits d'un certain Docteur Ralph. Ce dernier n'a évidemment jamais existé. C'est un subterfuge pour éviter la censure. S'il cherche à l'éviter, c'est parce qu'il s'en prend à la noblesse et à l'Église, donnant à voir le fanatisme, l'intolérance, les guerres et l'esclavage.

Quand le livre est publié, la Compagnie des pasteurs s'alarme et fait condamner cet ouvrage par le conseil de la ville. À Paris, la police s'empare, elle aussi, de l'œuvre. Ces répercussions font augmenter le succès de l'ouvrage en France et à l'étranger.

QUEL LIEN POUVEZ-VOUS FAIRE ENTRE CETTE ŒUVRE ET LE PARCOURS ÉTUDIÉ EN CLASSE ?

Le parcours étudié est « Rire et savoir ». Ici, Voltaire traite de sujets sérieux, politiques, religieux, de la même manière que le fait Rabelais, c'est-à-dire au moyen du rire, avec une ironie mordante. La même formule latine s'y applique : *castigat ridendo mores*, qui signifie « corriger les mœurs par le rire ». En effet, Rabelais et Voltaire croient en une esthétique du rire, à laquelle ils donnent une place de choix dans leurs œuvres.

OLYMPE DE GOUGES

ET L'ENGAGEMENT POLITIQUE

L'ENGAGEMENT POLITIQUE, QU'EST-CE QUE C'EST ?

La littérature et la politique, la littérature dans la politique, la littérature politique... Quel est le lien entre ces deux mots-clés ? D'après vous, pourquoi écrit-on ? Quelle est la fonction de la littérature ? Divertir, oui, mais ce serait tout ?
N'a-t-elle pas quelque chose à dire aux discours politique, moral, religieux ?
Naturellement, au-delà de sa fonction d'en parler, la littérature peut également les interroger, les critiquer. Elle n'est donc pas qu'un témoignage, elle exerce véritablement une influence sur son époque !

> « Écrire c'est lever toutes les censures. »
> Jean Genet, *Le Condamné à mort*

C'est la **fonction utilitaire de la littérature** : la littérature peut – et doit –, d'après certains auteurs, se rendre utile. Ils voient en elle un moyen puissant de faire passer des messages, de défendre des idées et d'engager le lecteur dans une réflexion critique sur le monde qui l'entoure.

La réflexion s'applique également au cinéma, quand on y pense ! Vous avez peut-être déjà vu ou entendu parler de l'insoutenable *Twelve Years a Slave* (2013), un film qui expose les horreurs du système esclavagiste aux États-Unis au XIXe siècle. Une chose est sûre : on n'est pas du tout dans la fonction de divertissement du cinéma, personne n'a trouvé ce film léger, amusant. À l'initiative de cette œuvre saluée par la critique, le réalisateur, Steve McQueen, s'engage en rappelant les atrocités du passé, et encourage la réflexion sur l'injustice raciale et la nécessité de lutter contre les systèmes oppressifs.

Oui, la politique et la littérature sont intimement liées. Il suffit de penser à la censure, établie sous le règne de Louis XIII par Richelieu comme instrument politique. Un autre exemple est le genre de la tragédie, créé par nécessité politique dans l'Athènes du Ve siècle av. J.-C (si ça vous intéresse pour votre culture littéraire, aller voir les origines de la tragédie au chapitre 5 !).

ET À L'ÉPOQUE ?

« Quand un écrivain s'engage dans la politique, il doit le faire en tant que citoyen, en tant qu'être humain, et non pas en tant qu'écrivain. »
George Orwell

Le XVIIIe siècle prépare la Révolution française. Attention, cela ne signifie pas que tous les écrivains sont des révolutionnaires, certainement pas, mais la Révolution est le résultat d'une prise de conscience, d'un soulèvement du tiers état, qui passe par **l'éveil de l'esprit critique**.

Ce combat pour libérer la pensée anime les auteurs de l'époque. Alors, au XVIIIe siècle, de plus en plus d'auteurs refusent la séparation entre littérature et politique.

« Je puis tout pardonner aux hommes, excepté l'injustice, l'ingratitude et l'inhumanité. »
Diderot, *La Religieuse*

Cette forme de littérature s'engage activement et participe aux luttes de l'époque. Elle s'oppose à toute forme d'injustice, de domination et de persécution qui pourraient opprimer la population. L'écrivain se révolte pour défendre les plus vulnérables contre les plus puissants. Quelquefois, il va jusqu'à prendre clairement position dans son camp tout en dénonçant l'opposition. Or, l'opposition étant bien souvent l'Église et/ou l'État, certains auteurs ont été persécutés en raison de leur engagement littéraire. Et c'est effectivement le cas d'Olympe de Gouges.

OLYMPE DE GOUGES (1748-1793)

De son vrai nom Marie Gouze, Olympe de Gouges manifeste son engagement en faveur des droits civiques, de l'égalité et de la justice sociale, particulièrement pour les femmes. Cette auteure militante s'exprime à travers des écrits politiques et du théâtre, utilisant ce moyen pour aborder des questions sociales et politiques.
Comprenez bien qu'Olympe de Gouges pratique ce qu'on appelle l'écriture instrumentale : contemporaine de Voltaire, Diderot, Rousseau, Montesquieu, elle connaît la portée des écrivains de son époque, alors elle utilise la littérature comme une arme de combat. Seulement voilà, pauvre de naissance, elle n'a pas reçu l'éducation de ces philosophes instruits, elle sait à peine écrire et doit dicter ses pièces. Mais peu importe, puisque ce sont les idées qui comptent dans ce type d'écriture.

« Je lègue mon cœur à la Patrie, ma probité aux hommes, ils en ont besoin. Mon âme aux femmes, je ne leur fais pas un don d'indifférence. »

Son engagement assumé et ses idées progressistes finissent par l'exposer à de grands dangers sous le régime révolutionnaire. Arrêtée pour s'être opposée à Robespierre, elle est guillotinée en 1793, et tombe rapidement dans l'oubli.
Sur la fin du XXe siècle, l'historien Olivier Blanc l'amène sur le devant de la scène, lui consacrant une biographie entière, la toute première réservée à Olympe de Gouges. Mais faites très attention ! Depuis lors, la postérité voit en elle une **pionnière du féminisme**, vu les valeurs qu'elle porte. « Pionnière du féminisme », oui, mais « auteure féministe », non. Il serait totalement anachronique de parler de féminisme au XVIIIe siècle, ce mouvement n'existant pas à l'époque. Ne confondez pas les époques, ce serait très maladroit !
Olympe de Gouges incarne ainsi la figure d'une femme engagée qui a osé questionner les normes de son époque et a écrit pour combattre les inégalités.

La *Déclaration des droits de la femme et de la citoyenne*

« Il n'y a rien à dire sur la *Déclaration*, je n'arriverai jamais à faire 8 pages là-dessus ! »

MON AVIS

FACILITÉ DE LECTURE : ★★★★★

Il s'agit de l'œuvre la plus courte sur laquelle vous pouviez tomber, ça fait 5 pages en pdf, alors la lire en entier ne devrait pas trop vous coûter !

INTÉRÊT DU FOND : ★★★★☆

Dans la mesure où l'on parle, pour une grande partie du texte, d'un pastiche de la *Déclaration des droits de l'homme* à laquelle quelques modifications ont été apportées, l'intérêt réside davantage dans la démarche d'une auteure engagée que dans ce que nous dit Olympe de Gouges.

INTÉRÊT DE LA FORME : ★★★☆☆

L'Éducation nationale n'a pas choisi le texte qui nous en dit le plus sur le style de l'auteure, s'agissant d'un pastiche, alors de la forme, nous étudierons avant tout les registres, pour comprendre le ton employé par Olympe de Gouges.

Laissez-moi vous dire que vous êtes franchement très compliqués si vous arrivez à vous plaindre d'être tombés sur ce texte ! Il se lit en une heure à peine (même moins) et, que la cause défendue vous inspire ou non, il traite d'un sujet plus vaste : comment véhiculer ses idées. Vous n'aurez aucun mal à appliquer ces outils à d'autres auteurs, ou à un autre exercice d'écriture comme le commentaire, ou encore à d'autres matières. Lire la *Déclaration* est un excellent moyen d'entrer dans la littérature d'idées.

LA *DÉCLARATION DES DROITS DE LA FEMME ET DE LA CITOYENNE*, PRÉSENTATION DE L'ŒUVRE

« Le puissant empire de la nature n'est plus environné de préjugés, de fanatisme, de superstition et de mensonges. »

Pour bien comprendre le propos de l'auteure, il faut avoir saisi la portée du contexte sociopolitique dans lequel ce texte nous plonge. Je ne sais pas si vous vous rendez compte : nous sommes dans une période de transition entre la monarchie et la toute première République. La Révolution doit renverser l'Ancien Régime, marqué par une inégalité totale entre les puissants (la noblesse et le clergé) et le peuple (le tiers état).
Vous connaissez les valeurs de la République : liberté, égalité, fraternité. Alors que la *Déclaration des droits de l'homme et du citoyen* revendique ces principes, Olympe de Gouges s'indigne que tous remarquent l'inégalité verticale qui existe entre les riches et les pauvres, mais qu'ils ignorent l'inégalité horizontale qui pollue les relations entre les hommes et les femmes, quelle que soit leur place dans la société. En effet, à cette époque, la femme n'a le droit ni de voter, ni d'être élue, ni d'occuper une fonction publique. Alors, si l'on veut instaurer l'égalité entre tous les hommes, pourquoi ne pas aller jusqu'au bout des principes de liberté, égalité et fraternité, et inclure les femmes dans un texte juridique et public comme *La Déclaration* ?
Ainsi, la *Déclaration des droits de la femme et de la citoyenne* apparaît à la fois comme un hommage à la Révolution et comme une provocation. Elle plagie le préambule et les dix-sept articles de la *Déclaration des droits de l'homme* pour y apporter ses propres modifications. Amusez-vous à les comparer, vous verrez très vite où sont les différences !
Dans ce document, elle plaide pour l'égalité des sexes et critique ouvertement les inégalités sociales de son temps.

LE RÉQUISITOIRE

> « Homme, es-tu capable d'être juste ? [...] Dis-moi ? Qui t'a donné le souverain empire d'opprimer mon sexe ? Ta force ? Tes talents ? »
> Avant-propos

Pensez aux militantes sorties dans la rue et brandissant des pancartes pour exprimer leur mécontentement dans le cadre du mouvement #MeToo. Leur but était clair : mettre en lumière le caractère systémique des violences sexuelles subies par les femmes (d'abord dans le milieu du cinéma, puis de manière plus générale) et attaquer les responsables de ces agissements.

Ainsi, un auteur engagé peut se sentir investi de la mission de **dénoncer** un système qui dysfonctionne. L'œuvre d'Olympe de Gouges expose les inégalités de son époque et pointe du doigt son principal ennemi, la gente masculine, qu'elle interpelle directement dans l'avant-propos. Elle n'hésite pas à en brosser un portrait très péjoratif : « Bizarre, aveugle, boursouflé de sciences et dégénéré, dans ce siècle de lumières et de sagacité, dans l'ignorance la plus crasse, il veut commander en despote sur un sexe qui a reçu toutes les facultés intellectuelles. »

Tout au long de la *Déclaration*, elle attaque les hommes de manière très virulente et la société de son époque, exposant les inégalités et les injustices dont ils sont les premiers responsables. Mais la société n'est pas en reste ; elle laisse faire – pire, elle est complice : toutes les lois vont dans le sens des hommes, qui demeurent impunis ! En dénonçant ces injustices, l'auteure cherche à susciter une prise de conscience critique au sein de la société.

LE PLAIDOYER

« Celle qui est née d'une famille pauvre, avec du mérite et des vertus, quel est son lot ? La pauvreté et l'opprobre. Si elle n'excelle pas précisément en musique ou en peinture, elle ne peut être admise à aucune fonction publique, quand elle en aurait toute la capacité. »

Maintenant, pensez aux manifestations ayant eu lieu dans le cadre du hashtag #BlackLivesMatter. Les militants se sont positionnés en défenseurs des droits des Noirs, donnant une voix aux victimes de discrimination.

De la même manière, un auteur engagé peut également se sentir investi de la mission de **défendre** les victimes du système. Dans cet esprit, la *Déclaration des droits de la femme et de la citoyenne* sert de plaidoyer pour les droits des femmes, que l'on défend des inégalités sociale et politique. En effet, la loi interdit aux femmes de s'engager dans une fonction politique, mais pas besoin de lois pour comprendre la place qui leur est laissée en société.

« La femme naît libre et demeure égale à l'homme en droits. Les distinctions sociales ne peuvent être fondées que sur l'utilité commune. »

Pour soutenir l'égalité homme-femme, Olympe de Gouges invoque **le droit naturel** : que l'on soit homme, femme, blanc ou noir, elle s'appuie sur l'idée que la nature nous a faits tous égaux, nous a dotés des mêmes qualités. Par conséquent, elle nous aurait donné à tous, et dès la naissance, des droits inhérents et inviolables. C'est ainsi qu'elle soutient que les femmes ont les mêmes droits fondamentaux que les hommes. Le nier serait aller à l'encontre des lois de la nature !

LE PASSAGE À L'ACTION

« Quelles que soient les barrières que l'on vous oppose, il est en votre pouvoir de les affranchir ; vous n'avez qu'à le vouloir. »

Bref, telle une députée, Olympe de Gouges se fait l'avocate, la porte-parole de celles qui sont jusqu'alors ignorées. Mais il reste encore un pas avant de considérer comme terminé le travail de l'auteure : dans le postambule, elle appelle les femmes à l'action afin d'établir une société juste et égalitaire. D'après elle, les femmes se sont laissé faire, et il ne tiendrait qu'à elles de se soulever contre la domination des hommes. Cette attaque et défense active vise à créer un changement social en faveur de l'inclusion et de la reconnaissance des droits des femmes.

UN AUTEUR EN LIEN : VICTOR HUGO

Je ne pouvais pas vous parler d'engagement politique et passer à côté de Victor Hugo ! Vous ne le saviez peut-être pas, mais il a fait carrière dans la politique en plus d'avoir été écrivain. Victor Hugo (1802-1885) grandit dans une famille engagée politiquement et artistiquement. Alors il lie les deux disciplines, et utilise la littérature comme moyen d'engagement politique et de dénonciation des injustices. Cet engagement atteint son apogée lorsqu'il devient pair de France et député. D'abord royaliste puis républicain, le moins qu'on puisse dire est que ses convictions évoluent au fil des années.

Au cours de sa vie, il écrit de tout : théâtre, roman, poésie… Dans des romans comme *Les Misérables* ou encore *Notre-Dame de Paris*, il montre son engagement social pour le petit peuple ; dans d'autres encore comme *Le Dernier Jour d'un condamné*, contre la peine de mort ; mais l'œuvre qui nous intéresse est un recueil de poèmes très virulent.

Entre 1870 et 1871, Hugo connaît une période de profond engagement politique. Après la défaite de la France contre la Prusse et la création de la Commune de Paris, l'auteur se positionne contre le gouvernement qui réprime les émeutiers, emportant tout sur son passage. C'est à ce moment-là qu'il écrit *Les Châtiments*, un recueil de poèmes satiriques dans lequel il dénonce les abus de pouvoir, la répression et l'injustice. Les poèmes sont marqués par la révolte et la colère. Il s'agit d'une poésie violente, indignée, mordante qui vise à discréditer la figure de Napoléon III.

Par exemple, dans le poème « Souvenir de la nuit du 4 », il donne la parole à une vieille dame en pleurs, qui découvre le corps sans vie de son petit-fils.

« Il jouait ce matin, là, devant la fenêtre !
Dire qu'ils m'ont tué ce pauvre petit être !
Il passait dans la rue, ils ont tiré dessus.
Monsieur, il était bon et doux comme un Jésus.
Moi je suis vieille, il est tout simple que je parte ;
Cela n'aurait rien fait à monsieur Bonaparte
De me tuer au lieu de tuer mon enfant ! »

Ainsi, Hugo n'a peur de rien, certainement pas de l'empereur, qu'il accable sans nuance et de manière très assumée. Son engagement politique et ses écrits restent un héritage significatif dans l'histoire littéraire et politique de la France.

DANS SON COMBAT POUR L'ÉGALITÉ ENTRE L'HOMME ET LA FEMME, OLYMPE DE GOUGES CHERCHE-T-ELLE SEULEMENT À ÉVEILLER UNE PRISE DE CONSCIENCE CHEZ LES FEMMES ?

Je reformule : Dans sa lutte en faveur de l'égalité des sexes, Olympe de Gouges a-t-elle pour seul but de sensibiliser les femmes et de les rallier à sa cause ?

I. Tout d'abord, Olympe de Gouges souhaite conscientiser les femmes sur les inégalités dont elles sont victimes.

- **A.** Elle met en évidence l'inégalité sociale, qui les empêche d'être considérées sur un même pied d'égalité que les hommes.
- **B.** Elle met en évidence l'inégalité politique, qui les empêche d'accéder à des fonctions publiques et de participer à la vie politique.

II. Certes, la *Déclaration* a pour but de conscientiser les femmes sur leur condition, mais elle a aussi pour but de sensibiliser les responsables de ces inégalités.

- **A.** Elle s'adresse directement aux hommes pour les convaincre (notamment par l'argument du droit naturel) de la légitimité des femmes.
- **B.** Elle s'adresse de manière plus indirecte à la société, qui durant toutes ces années a laissé faire.

III. Surtout, l'intention d'Olympe de Gouges est de proposer des solutions afin de faire changer les choses.

A. Le but final de cette prise de conscience est tout de même le passage à l'acte des femmes, qu'elle invite à se battre pour leurs droits.

B. La simple écriture de ce texte souligne l'importance d'inscrire les droits des femmes dans un document juridique et public, qui puisse avoir l'impact qu'a eu la *Déclaration des droits de l'homme et du citoyen*.

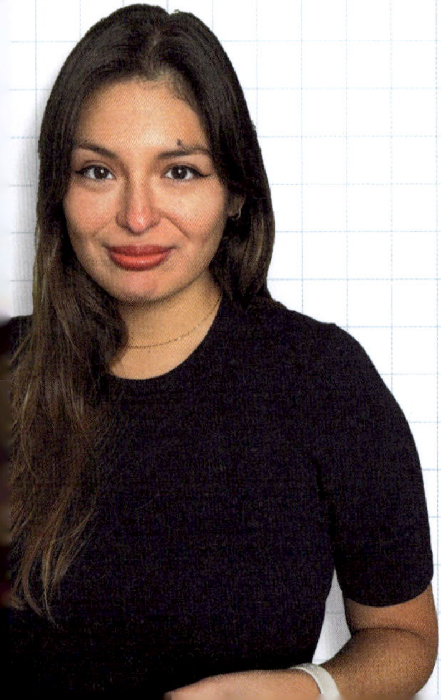

PLAN D'ESSAI

SELON VOUS, ÉCRIRE SUFFIT-IL À RENDRE VISIBLES CELLES ET CEUX QUI NE LE SONT PAS ?

Je reformule : La littérature a-t-elle le pouvoir de mettre en lumière ceux que la société ignore ?

I. La littérature peut rendre visibles les minorités.

A. La littérature peut être descriptive et brosser le tableau de son époque, mettant ainsi en avant les différentes classes sociales, les enjeux d'une société.

B. L'histoire a montré que l'écriture peut influencer les hommes, les sensibiliser à des réalités qu'ils n'imaginent pas et devenir un catalyseur de changement.

C. Via l'écriture, un auteur, connu ou inconnu, peut créer une connexion émotionnelle avec le lecteur et provoquer chez lui une prise de conscience.

II. Cependant, la littérature est limitée dans l'exercice de leur mise en avant.

A. Malheureusement, certains groupes, souvent ceux qu'on ignore, ont un accès limité à l'écriture, par manque de savoir ou de confiance en eux.

B. À cause de sa fonction utilitaire, la littérature a déjà été et peut encore être perçue comme une menace si elle dérange un peu trop, et être censurée dans certains cas.

C. La littérature peut être un début, mais pas une fin en soi ; elle peut amorcer un passage à l'action, mais celui-ci doit se faire hors des pages d'un livre.

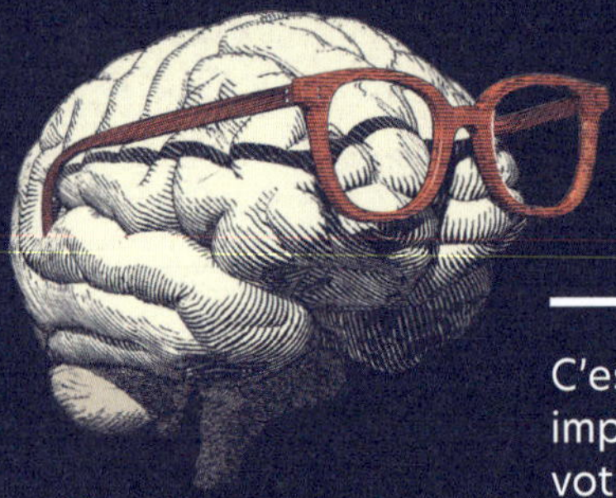

POINT MÉTHODE
RÉDIGER UNE INTRODUCTION

C'est simple, l'introduction détermine la première impression qu'aura votre examinateur en regardant votre copie. Elle doit donc être convaincante.

Rappelez-vous : la dissertation, le commentaire et l'essai sont tous trois des exercices d'argumentation. Vous devez donc proposer une réponse bien développée à la question de problématique posée. Cette introduction doit donc poser les bases de ce développement ! Elle doit commencer par présenter l'œuvre en cas de dissertation, le texte en cas de commentaire, le sujet en cas d'essai. Ce n'est qu'une fois que les bases sont claires dans la tête de votre examinateur que vous lui faites une promesse. Celle-ci consiste en une question (problématique), à laquelle vous allez apporter une réponse (annonce de plan). C'est votre fil conducteur, alors ne le perdez jamais de vue. S'il est clair dans votre tête, il le sera dans celle de votre examinateur.

Voici les éléments qui doivent y figurer :

Accroche

[alinéa] Au lendemain de la prise de la Bastille, Louis XVI se voit contraint de signer la *Déclaration des droits de l'homme et du citoyen* en 1789, texte emblématique de la Révolution française.

Présentation de l'œuvre

Insatisfaite, Olympe de Gouges estime que les femmes ont été oubliées de ce texte fondateur pour les valeurs de liberté et d'égalité. Alors deux ans plus tard, en 1791, les Lumières voient naître la *Déclaration des droits de la femme et de la citoyenne*, pastiche critique et provocateur de la *Déclaration* de 1789. Ce texte doit appeler les femmes à se lever contre les injustices subies jusqu'alors.

Problématique

Dès lors, nous nous demanderons si Olympe de Gouges a pour seul but de sensibiliser les femmes et de les rallier à sa cause.

Annonce du plan

Afin de répondre à cette question, nous verrons que, si l'auteure s'adresse effectivement aux victimes de ces inégalités pour les enjoindre à se battre, cependant elle a aussi l'intention d'attaquer, avec cette œuvre, les responsables de ces injustices. Enfin, nous mettrons en lumière qu'avant tout l'objectif d'Olympe de Gouges est de proposer des solutions afin de réellement faire changer les mentalités.

Remarque : ce paragraphe tient en un seul bloc (pas de retour à la ligne !)

BALZAC
ET LES PASSIONS

LES PASSIONS, QU'EST-CE QUE C'EST ?

Si je vous dis *passion*, vous penserez peut-être spontanément à la passion amoureuse. Vous aurez raison – en partie seulement ! En latin, *passio* signifie « souffrance », mais le mot a évolué avec le temps. Aujourd'hui, les passions ne désignent pas nécessairement des émotions négatives, mais de manière plus générale, des émotions très fortes : l'amour, la haine, la jalousie, la colère, la peur, etc. En tout cas, ce sont des forces puissantes, qui peuvent exercer une influence décisive sur nos vies. Quand je dis « nos vies », je parle des vies humaines. L'homme vit *en proie* à ses passions, il se laisse souvent submerger par elles, les laisse prendre le contrôle.

« Les passions sont aussi mauvais instruments que mauvais guides. »
Sénèque, *De la colère*

En ce sens, **la passion s'oppose naturellement à la raison**. Eh oui, si la passion nous pousse à faire les mauvais choix, la raison doit nous remettre sur le droit chemin.

ET À L'ÉPOQUE ?

La littérature du XIXe siècle explore de manière variée la **nature humaine**. Et l'un des constats que l'on pose à son sujet, c'est qu'elle est faible. Face à la tentation, l'homme cède le plus souvent à ses désirs.

L'introduction du premier film de la saga *Le Seigneur des Anneaux* (2001) raconte la faiblesse des hommes qui, « par-dessus tout, désiraient le pouvoir ». Un anneau maléfique et puissant tomba entre les mains du roi Isildur, et alors qu'il avait la seule opportunité de le détruire, il décida de garder cet instrument de pouvoir pour lui ; preuve de sa faiblesse. « Le cœur des hommes est aisément corruptible », nous dit Tolkien, l'auteur du roman.

La littérature du XIXe siècle a contribué à façonner notre compréhension des passions et leur place dans l'esprit humain. Désireux de comprendre la nature des hommes, les écrivains de l'époque donnent à voir des personnages complexes et contradictoires, capables du meilleur comme du pire – d'amour et de haine, de courage et de lâcheté, de générosité et d'égoïsme.

HONORÉ DE BALZAC (1799-1850)

Honoré de Balzac devient célèbre pour son œuvre monumentale regroupant plus de 90 ouvrages, parus entre 1829 et 1855 : *La Comédie humaine*. Celle-ci est divisée en trois grands ensembles : « Études de mœurs », « Études philosophiques » et « Études analytiques ». Balzac y peint un tableau vaste et détaillé de la **société française** de son temps. Pour quelqu'un qui s'intéresserait au XIXe siècle aujourd'hui, c'est une mine d'or ! On y retrouve des romans ancrés dans une époque complexe, qui par les descriptions, mettent en lumière tous les aspects de la vie sociale, économique et politique dans différents milieux sociaux.

> « L'amour et la haine sont des sentiments qui s'alimentent par eux-mêmes, mais des deux la haine a la vie plus longue. »
> Balzac, *Les Marana*

Mais la société n'est pas son seul objet d'étude. *La Comédie humaine* est l'occasion pour Balzac d'explorer et de décrire de manière exhaustive les divers aspects de la **condition humaine**. Balzac s'intéresse particulièrement aux motivations et aux aspirations des individus, il veut comprendre pourquoi ils agissent comme ils agissent.

La Peau de chagrin

« Je crois que j'aime bien l'histoire, mais pourquoi c'est si difficile à lire ? »

MON AVIS

FACILITÉ DE LECTURE : ★★⯪☆☆
Ne vous étonnez pas si vous ne comprenez pas tous les mots que vous lisez, encore moins si une référence historique vous échappe. C'est normal chez Balzac !

INTÉRÊT DU FOND : ★★★★☆
Une fois que vous aurez compris que le sujet est universel et qu'il s'adresse à vous comme aux lecteurs du XIXe siècle, je suis sûre que vous porterez un autre regard sur le livre.

INTÉRÊT DE LA FORME : ★★★☆☆
Certains profs s'intéresseront à la présence de deux registres majeurs et quelque peu contradictoires – le réalisme et le fantastique –, mais ce n'est pas ce qui nous intéresse le plus dans l'étude de ce roman.

Bon, la vérité c'est qu'il va falloir vous accrocher, mais il y a une belle leçon à tirer de ce livre, il en vaut vraiment la peine. Si ça peut aider, sachez que le deuxième chapitre (« La femme sans cœur ») est une analepse, c'est-à-dire un retour en arrière dans le récit. Ça vous évitera de vous demander pourquoi Raphaël n'a pas utilisé la peau de chagrin pour faire tomber Foedora amoureuse de lui !

Dessins par Janet Lange.

Gravures par les meilleurs Artistes.

A MONSIEUR SAVARY,

MEMBRE DE L'ACADÉMIE DES SCIENCES.

LE TALISMAN.

Vers la fin du mois d'octobre dernier, un jeune homme entra dans le Palais Royal au moment où les maisons de jeu s'ouvraient, conformément à la loi qui protége une passion essentiellement imposable. Sans trop hésiter, il monta l'escalier du tripot désigné sous le nom de numéro 36.

— Monsieur, votre chapeau, s'il vous plaît? lui cria d'une voix sèche et grondeuse un petit vieillard blême accroupi dans l'ombre, protégé par une barricade, et qui se leva soudain en montrant une figure moulée sur un type ignoble.

Quand vous entrez dans une maison de jeu, la loi commence par vous dépouiller de votre chapeau. Est-ce une parabole évangélique et providentielle? N'est-ce pas plutôt une manière de conclure un contrat infernal avec vous en exigeant je ne sais quel gage? Serait-ce pour

Euphrasie et Aquilina.

vous obliger à garder un maintien respectueux devant ceux qui vont gagner votre argent? Est-ce la police tapie dans tous les égouts sociaux qui tient à savoir le nom de votre chapelier ou le vôtre, si vous l'avez inscrit sur la coiffe? Est-ce enfin pour prendre la mesure de votre crâne et dresser une statistique instructive sur la capacité cérébrale des joueurs? Sur ce point l'administration garde un silence complet. Mais, sachez-le bien, à peine avez-vous fait un pas vers le tapis vert, déjà votre chapeau ne vous appartient pas plus que vous ne vous appartenez à vous-même : vous êtes au jeu, vous, votre fortune, votre coiffe, votre canne et votre manteau. A votre sortie, le JEU vous démontrera, par une atroce épigramme en action, qu'il vous laisse encore quelque chose en vous rendant votre bagage. Si toutefois vous avez une coiffure neuve, vous apprendrez à vos dépens qu'il faut se faire un costume de joueur. L'étonnement manifesté par l'étranger quand il reçut une fiche numérotée en échange de son chapeau, dont heureusement les bords étaient légé-

81 [illegible] — Imprimerie [illegible]

1

LA PEAU DE CHAGRIN, PRÉSENTATION DE L'ŒUVRE

« Ce fut comme un pari fait avec moi-même, et où j'étais le joueur et l'enjeu. »

La Peau de chagrin, roman écrit en 1831, raconte la **descente aux enfers** de Raphaël de Valentin, un jeune homme désespéré qui, au début du livre, vient de jouer et de perdre sa dernière pièce d'or. Sur le point de se jeter dans la Seine, il erre dans les rues de Paris et entre dans un magasin d'antiquités, où il découvre un étrange objet : une peau de chagrin (un morceau de cuir) magique. Celle-ci a le pouvoir d'exaucer tous les désirs de celui qui la possède, mais à une condition : « Si tu me possèdes, tu posséderas tout, mais ta vie m'appartiendra. [...] À chaque vouloir je décroîtrai comme tes jours. » La vie de Raphaël, s'il accepte le pacte, sera désormais étroitement liée à la taille de la peau : à chaque réalisation de vœu, elle rétrécira, le rapprochant ainsi inexorablement de la mort car, quand la peau aura disparu, Raphaël mourra. Comme il a déjà renoncé à la vie, Raphaël cède à la tentation et passe ce **pacte avec le diable**.

Attention, comprenez bien que pour parler de *pacte avec le diable*, l'intrigue ne nécessite pas que le diable en personne signe quoi que ce soit. Le pacte implique qu'une personne échange sa vie ou son âme contre des faveurs, du pouvoir ou des avantages accordés par une force surnaturelle et maléfique.

Dans le conte d'Andersen (1837), la petite sirène se tourne vers la puissante sorcière des mers lorsqu'elle décide de devenir humaine pour séduire le prince : celle-ci peut exaucer son vœu et lui donner des jambes à la place de sa queue de poisson. Mais en échange, la petite sirène doit accepter de donner sa voix à la sorcière et de se faire couper la langue. Elle joue également sa vie sur ce pacte, et la perd, quand le prince en épouse une autre.

Raphaël est d'abord ravi de sa nouvelle possession : il utilise la peau pour réaliser ses rêves d'argent et de gloire. Cependant, il découvre rapidement que les désirs de l'homme sont toujours insatiables. Il finit par regretter son choix, mais il est trop tard, ses passions l'ont porté trop loin. À travers l'histoire de Raphaël, Balzac examine les forces qui gouvernent la vie humaine.

UNE SOURCE DE MOTIVATION ?

« J'allais risquer de mourir pour vivre. »

Au début du roman, Raphaël est un noble désargenté (c'est-à-dire qu'il a perdu tout son argent) et au bord du suicide. Dans le deuxième chapitre, il raconte sa vie avant la peau : il avait rêvé de devenir un grand écrivain, mais manquait de moyens ; il était tombé amoureux, mais avait été rejeté par Foedora ; il avait rencontré du beau monde, mais n'était pas parvenu à gravir les échelons de la société. La découverte de la peau de chagrin lui fournit l'occasion de réaliser ses rêves et donne un sens à sa vie.
Rencontrer la peau signifie une **renaissance** pour Raphaël. En ce sens, la peau agit comme une **force motrice**, l'incitant à agir, créer, aimer, poursuivre ses rêves. Elle stimule son désir de vivre pleinement, lui rend l'envie de croquer la vie à pleines dents. Il

décide de vivre intensément, guidé par le désir, la passion !

UNE SOURCE DE TOURMENTS ?

« Je me lançai dans un tourbillon de plaisirs creux et réels tout à la fois. Je jouais, gagnais et perdais tour à tour d'énormes sommes. »

Mais si les passions peuvent être une source d'épanouissement, elles peuvent également conduire à notre perte. Trop de passion finit par nuire à Raphaël qui, incapable de les maîtriser, tombe dans l'excès et finit par se détruire. Rappelons-le, la peau exauce ses désirs, mais chaque utilisation réduit la durée de sa vie. Elle se présente donc d'emblée comme une **force destructrice** en raison de son lien avec la **mort**.

Voyez le paradoxe : en cherchant à satisfaire ses désirs, à vivre intensément, Raphaël de Valentin se rapproche à chaque fois un peu plus de la mort. On peut donc dire que plus il vit, plus il meurt. Ainsi, la quête insatiable de Raphaël pour assouvir ses passions transforme ce qui aurait pu être une force créatrice en une spirale autodestructrice ! C'est la leçon que nous propose Balzac à travers son roman : dans notre recherche de bonheur, les plaisirs n'offrent pas un épanouissement durable.

Faut-il donc renoncer totalement au plaisir ? Pas nécessairement. Je vous pose la question : préférez-vous vivre une vie courte mais intense, animée par la recherche d'assouvissement de vos désirs les plus profonds (succès, argent, voyages, beauté), ou misez-vous plutôt sur une vie plus longue, douce, modérée, où les passions ne risquent pas de compromettre votre bonheur à long terme ? Moi, je connais ma réponse...

LA LEÇON PHILOSOPHIQUE

Dans *La Peau de chagrin*, le triangle Pouvoir, Vouloir et Savoir permet de comprendre la nature humaine et les passions.

> « Vouloir nous brûle et Pouvoir nous détruit ; mais Savoir laisse notre faible organisation dans un perpétuel état de calme. »

- **Le pouvoir** renvoie à la capacité d'influencer les autres et de contrôler son environnement.
- **Le vouloir**, c'est le désir, la passion.
- **Le savoir** renvoie à la sagesse, l'expérience.

Dans le cas de Raphaël, le vouloir est à l'origine de sa descente aux enfers ; dans le cas de Foedora, le lecteur comprend que c'est le pouvoir qui finira par provoquer sa chute. Le savoir doit apporter aux personnages la raison qui les aidera à maîtriser les passions et à trouver un équilibre. C'est l'antiquaire qui introduit cette leçon de morale dans le roman, lors de sa rencontre avec Raphaël.

Parce que les passions sont vues comme une force qui soumet les hommes, qu'ils ne peuvent contrôler, on veut se montrer indulgent envers Raphaël, héros tragique de sa propre vie. Mais d'un autre côté, ne perdez jamais de vue que son déclin est le résultat de ses propres choix !

Mémoires de deux jeunes mariées

« Bof, pas très original... »

MON AVIS

FACILITÉ DE LECTURE : ★★★⯪☆
Chez Balzac, c'est normal de passer à côté de certains mots de vocabulaire ou de références d'époque, mais le livre n'est pas trop long et vous avez surtout à vous concentrer sur le récit et les opinions des deux personnages principaux.

INTÉRÊT DU FOND : ★★★★★
D'abord, l'histoire a son intérêt, le dénouement permet d'ouvrir sur une réflexion philosophique, qui vous touchera autant qu'un autre (eh oui, la philo ce n'est pas juste pour la Terminale !).

INTÉRÊT DE LA FORME : ★★★★★
La forme épistolaire prend tout son sens dans un roman qui voit deux camps s'opposer. Vous comprendrez tout l'intérêt des points de vue qui s'affrontent quand vous aurez compris le message porté par l'auteur.

Dans l'esprit des lycéens, Balzac a la mauvaise réputation de rédiger des descriptions interminables. La bonne nouvelle, c'est qu'ici, vous n'aurez pas ce problème. Le livre est relativement court, il tourne autour de deux personnages seulement, l'intrigue est claire, il n'y a vraiment pas de quoi paniquer. Je vous souhaite beaucoup de plaisir dans cette lecture que j'affectionne !

MÉMOIRES DE DEUX JEUNES MARIÉES, PRÉSENTATION DE L'ŒUVRE

Roman épistolaire publié en 1841, *Mémoires de deux jeunes mariées* fait partie de *La Comédie humaine*, il s'inscrit plus précisément dans la partie « Scènes de la vie privée ». L'œuvre est composée de lettres échangées entre deux amies proches à peine sorties du couvent, Louise de Chaulieu et Renée de Maucombe. À cette époque, les jeunes filles reçoivent une éducation au couvent, dont elles sortent pour être mariées. C'est là que Louise et Renée se sont rencontrées, là qu'elles ont longuement rêvé de l'amour et des émotions fortes qu'il éveillerait un jour en elles. En dehors de cela, tout les oppose : la première est noble, la deuxième roturière ; la première part vivre à Paris, la deuxième à la campagne ; mais surtout, la première est passionnée et impulsive, la deuxième plus réservée et réfléchie. C'est pourtant Renée qui se marie en premier, par devoir. Louise, quant à elle, attend de tomber amoureuse et se marie par amour.

« Ton mariage purement social, et mon mariage qui n'est qu'un amour heureux, sont deux mondes qui ne peuvent pas plus se comprendre que le fini ne peut comprendre l'infini. »

Malgré leurs différences, les deux jeunes femmes s'aiment et s'engagent dans une correspondance dans laquelle elles partagent leurs expériences de vie. Au fil des années, elles discutent de l'amour, du mariage, de la maternité, de la société... De loin, chacune suit les changements de vie de son amie d'enfance, comparant inévitablement les deux trajectoires. Les avertissements de Renée sur la dangerosité de l'amour passionné s'avèrent exacts. Louise, qui n'a pas écouté ses conseils, meurt d'amour à l'âge de trente ans.

LA PASSION COMME SOURCE DE DANGER

> « Il y a deux amours : celui qui commande et celui qui obéit ; ils sont distincts et donnent naissance à deux passions, et l'une n'est pas l'autre. »

Louise de Chaulieu vit passionnément et maintient que l'amour est la plus grande **source de bonheur**, le moteur de la vie, une force qui donne un sens à l'existence.

Idéaliste, Louise croit au mariage parfait et se marie deux fois par amour. À peine sortie du couvent, elle épouse d'abord un homme qu'elle aime, ou du moins qu'elle pense aimer de toutes ses forces, mais elle se rend compte lorsqu'elle rencontre son second époux ce que signifie l'expression *se faire dévorer par la passion*. Celui-ci lui fait découvrir les sentiments qu'elle avait inspirés à son premier amour. Elle comprend désormais l'intensité de la passion et se sent chanceuse de pouvoir la vivre !

> « Mon mariage ne sera pas une servitude, mais un commandement perpétuel. »

À l'inverse, Renée adopte une perspective plus pragmatique et équilibrée. Elle croit au mariage heureux, oui, mais contrôlé par la raison. Elle n'éprouve aucune passion pour son mari, mais un profond respect et beaucoup d'amitié. La jeune femme connaît les attentes que la société formule à l'égard des femmes. Elle passe alors un pacte avec son mari qui, lui, l'aime profondément : elle lui avoue son sentiment et lui demande d'accepter d'être son partenaire de vie, de la laisser le commander pour arriver ensemble au bonheur. Il se contente de ce qu'elle veut bien lui donner, et passe le reste de sa vie à s'efforcer de la rendre heureuse, rend possible leur ascension sociale, fait d'elle une mère et une femme aimée.

Renée perçoit l'amour comme une **force potentiellement dévastatrice**, capable de fragiliser ce bonheur calculé. Elle voit l'exemple même de cela chez Louise : son premier mari meurt d'épuisement, à force d'avoir trop aimé Louise ; lors de son second mariage, c'est son amie qui se donne la mort par jalousie. Elle tire alors une leçon des expériences de son amie : toujours préférer la raison à la passion.

PLAN DE DISSERTATION

Dans *La Peau de chagrin*, comment l'énergie positive de la création se transforme-t-elle en énergie négative de la mort ?

Je reformule : Comment les passions initialement créatrices basculent-elles vers la destruction et la mort ?

I. Au début du roman, l'acquisition de la peau de chagrin s'apparente à une renaissance pour Raphaël de Valentin.

A. Sur le point de se suicider, Raphaël accorde une deuxième chance à cette vie qui semblait l'avoir abandonné.

B. La peau de chagrin permet à Raphaël de réaliser ses rêves, de croquer la vie à pleines dents.

II. Si la peau semblait promettre une nouvelle vie à Raphaël, celui-ci retombe dans ses travers.

A. Obsédé par la quête du bonheur, Raphaël se jette à corps perdu dans l'assouvissement de ses désirs.

B. Il formule des souhaits démesurés, ignorant ainsi les avertissements et les limites imposées par la peau de chagrin.

III. Enfin, animé par ses passions, le héros tragique provoque sa propre destruction.

A. Incapable de contrôler ses passions, Raphaël succombe à l'excès et au vice.

B. La peau de chagrin rappelle à Raphaël qu'il a passé un pacte avec le diable et accepté d'échanger sa vie contre la recherche de plaisirs.

POINT MÉTHODE
ÉCRIRE UN ARGUMENT EN 15 LIGNES

« Vous ne développez pas suffisamment vos arguments. » Est-ce aussi ce que l'on vous reproche à l'écrit ? Quel que soit l'exercice de rédaction dans lequel vous vous engagez (dissertation, commentaire ou essai), vous allez devoir développer vos arguments. Ceux-ci doivent être convaincants ! Alors comment faire pour articuler un argument en quinze lignes ? C'est simple, suivez cette structure :

1. **Énoncer** l'argument
2. **L'expliquer** grâce à vos connaissances du cours
3. **L'illustrer** grâce à un exemple
4. **Justifier** le choix de l'exemple

Je vais développer le tout premier argument de mon plan.

Je soutiens que : I. Au début du roman, l'acquisition de la peau de chagrin s'apparente à une renaissance pour Raphaël de Valentin.

Voici mon premier argument :

Énoncer

[alinéa] Premièrement, sur le point de se suicider, Raphaël accorde une deuxième chance à cette vie qui semblait l'avoir abandonné.

Expliquer

En effet, les premières pages du livre décrivent Raphaël de Valentin comme un jeune homme désabusé et malheureux. Il a perdu sa fortune et essuyé un échec amoureux ; il se sent perdu et sans but dans la vie. L'acquisition de la peau de chagrin représente pour lui une nouvelle opportunité de construire la vie qu'il a toujours voulue.

Illustrer

Ainsi, la décision de Raphaël de rebondir est rapportée par le narrateur en ces termes : « Les terreurs de la vie étaient impuissantes sur une âme familiarisée avec les terreurs de la mort. »

Justifier

De fait, il aura fallu passer par l'envie de mourir pour que Raphaël embrasse cette chance inattendue.

Remarque : ce paragraphe tient en un seul bloc (pas de retour à la ligne !)

ZOLA
ET L'ESPRIT

L'ESPRIT, QU'EST-CE QUE C'EST ?
Dans ce chapitre, nous allons nous intéresser à **l'étude de l'esprit humain** dans la littérature. Depuis le XVIIe siècle, les auteurs français accordent une grande place à l'**analyse psychologique des personnages** ; cependant, ça n'a pas toujours été le cas. En effet, la littérature médiévale raconte les faits d'armes, les exploits chevaleresques, l'amour courtois entre un chevalier et sa dame... elle s'intéresse à l'action, quoi. Mais en 1678, Madame de La Fayette publie anonymement *La Princesse de Clèves*, le premier roman psychologique de l'histoire de la littérature française.

« Lassé enfin d'un état si malheureux et si incertain, il résolut de tenter quelque voie d'*éclaircir sa destinée*. "Que veux-je attendre, disait-il ? Il y a longtemps que je sais que j'en suis aimé ; elle est libre, elle n'a plus de devoir à m'opposer ; pourquoi me réduire à la voir sans en être vu et sans lui parler ? Est-il possible que l'amour m'ait si absolument ôté la raison et la hardiesse, et qu'il m'ait rendu si différent de ce que j'ai été dans les autres passions de ma vie ?" »
Madame de La Fayette, *La Princesse de Clèves*

Qu'est-ce qu'un roman psychologique ? C'est une histoire qui va plus loin que la simple progression de l'intrigue (situation initiale, aventures du héros, situation finale). Dans un roman psychologique, l'auteur s'arrête sur les pensées les plus intimes des personnages, dévoilant leurs doutes, leurs peurs, leurs frustrations, leurs tourments... tout ce qu'ils ne disent pas aux autres et ce à quoi nous n'avions jusqu'alors pas accès. Aujourd'hui, ça vous paraît peut-être normal, car on a pris l'habitude de s'intéresser à tout ça, mais c'est vraiment un tournant dans l'histoire de la littérature ! Cette approche permet aux auteurs de créer des personnages plus riches et complexes.

ET À L'ÉPOQUE ?

Au XIXe siècle, les naturalistes accordent une grande importance à l'analyse psychologique de leurs personnages, car ils proposent une approche réaliste de la condition humaine. L'analyse psychologique permet aux naturalistes de montrer comment les individus sont influencés par leur environnement social et biologique.

> Avez-vous déjà entendu la théorie d'après laquelle un enfant qui grandit dans un milieu pauvre et violent est plus susceptible de devenir un adulte violent ?

Le **déterminisme social** suppose que l'humain est déterminé par l'environnement social dans lequel il évolue. D'après les naturalistes, l'environnement social, notamment la classe sociale, la famille, l'éducation et la culture, influencent de manière significative le développement de la personnalité et du comportement des individus.

« La chronique de Fauchery, intitulée "La Mouche d'or", était l'histoire d'une fille, née de quatre ou cinq générations d'ivrognes, le sang gâté par une longue hérédité de misère et de boisson, qui se transformait chez elle en un détraquement nerveux de son sexe de femme. »
Zola, *Nana*

Le **déterminisme biologique** suppose que l'humain est déterminé par les gènes et l'hérédité. D'après les naturalistes, les facteurs biologiques tels que les tempéraments et les maladies influencent également le développement de la personnalité et du comportement des individus. Bref, le déterminisme social et le déterminisme biologique sont deux théories qui tentent d'expliquer le comportement humain.

ÉMILE ZOLA (1840-1902)

> « Je me contenterai d'être savant, de dire ce qui est en cherchant les raisons intimes. »
> Zola, *Différences entre Balzac et moi*

Influencé par *La Comédie humaine* de Balzac (voir chapitre précédent), Émile Zola laisse derrière lui sa série de romans *Les Rougon-Macquart*, composée de vingt volumes. Chaque roman se concentre sur un membre différent de la famille Rougon-Macquart, offrant ainsi une analyse profonde de la société de l'époque. Mais son œuvre ne s'arrête pas là : Zola publie aussi des nouvelles, des pièces de théâtre, et des essais. Il est également un critique littéraire important.

Son engagement envers le naturalisme, dont il est l'un des fondateurs, se manifeste dans ses œuvres. Zola décrit la réalité de la vie avec un réel souci de **réalisme** et d'**objectivité**. Pour y arriver, il applique les méthodes scientifiques à l'étude du comportement humain.

THÉRÈSE RAQUIN, PRÉSENTATION DE L'ŒUVRE

Publié avant *Les Rougon-Macquart*, en 1867, *Thérèse Raquin* est le troisième roman de Zola. Il y dépeint **les aspects sombres de l'âme humaine**. Le livre s'ouvre sur l'union de Thérèse et Camille Raquin, son cousin faible et malade. Le couple vit à Paris avec la mère de Camille, Madame Raquin, qui n'a jamais cessé de couver son fils. Thérèse n'est pas heureuse dans cette vie, jusqu'à ce qu'elle rencontre Laurent. Une passion dévorante naît entre eux, mais dans une maison où vivent Camille et sa mère, les deux amants n'ont aucune intimité. Ils organisent alors le meurtre de Camille.

« Au fond, une pensée unique les rongeait : ils s'irritaient contre leur crime, ils se désespéraient d'avoir à jamais troublé leur vie. Et là venaient toute leur colère et toute leur haine. »

La culpabilité et la peur d'être découverts hantent Thérèse et Laurent, qui se marient mais dont la relation devient toxique : ils ne se supportent plus, l'un voit dans l'autre sa propre culpabilité. C'est là que Zola explore la psychologie des personnages : il dépeint les tourments émotionnels des deux meurtriers, montrant comment les êtres humains peuvent finir écrasés sous le poids de leurs propres faiblesses.

L'ORIGINE DU MAL

D'abord, Zola s'intéresse aux **motivations des personnages**, il veut montrer *comment* ils en sont arrivés là.

> « Ils m'ont rendue laide, mon pauvre ami, ils m'ont volé tout ce que j'avais. [...] J'aurais préféré l'abandon à leur hospitalité. »

Thérèse est présentée comme une jeune fille en très bonne santé qui a été forcée de vivre en convalescence aux côtés de Camille. Obsédée par le bien-être de son fils, Madame Raquin l'a bridée toute sa vie. La mère de Thérèse, dont on ne sait pas grand-chose, est morte alors qu'elle n'avait que deux ans, et son père, ne sachant qu'en faire, l'a abandonnée à sa tante. Le meurtre de Camille prend du sens quand on sait qu'il a toute sa vie été la cause des frustrations, des privations, de l'ennui de Thérèse.

> « Il obéissait à des instincts, il se laissait conduire par les volontés de son organisme. »

De Laurent, on sait qu'il est fils de paysan. Le narrateur nous dépeint un homme paresseux, impulsif, esclave de ses désirs. Son tempérament le fait envier Camille pour le confort dans lequel l'a toujours mis Madame Raquin : en tuant Camille, il espère récupérer sa vie d'assisté et surtout sa femme.

Par ailleurs, les traits psychologiques des personnages sont analysés à travers le prisme de leur environnement. Représenté par le décor sombre et étouffant du roman, celui-ci est un élément crucial de l'analyse psychologique de Zola : l'auteur suggère que l'environnement peut exercer une influence significative sur l'état d'esprit des individus, contribuant à façonner leurs pensées et leurs actions.

LA DÉGRADATION MORALE

« J'ai simplement fait sur deux corps vivants le travail analytique que les chirurgiens font sur des cadavres. »

À mesure que l'histoire progresse, Zola explore la **dégradation mentale** des personnages : il montre comment la culpabilité et le remords peuvent déformer l'esprit humain. Thérèse et Laurent deviennent de plus en plus paranoïaques et violents. La vie qu'ils avaient espérée leur est inaccessible. Ils sont tous deux sujets à des hallucinations et des délires, obsédés par le fantôme de Camille, qui les hante et les pousse au crime : les amants vont jusqu'à vouloir se tuer l'un l'autre, et finissent par se suicider ensemble. La folie devient un thème central, le reflet ultime des tourments psychologiques. Elle illustre comment l'esprit peut se fracturer lentement sous la pression des émotions extrêmes.

UNE AUTEURE EN LIEN : MARGUERITE DURAS

Auteure de romans, nouvelles, pièces de théâtre, films et scénarios, Marguerite Duras (1914-1996) s'est fait une place dans le monde littéraire grâce à sa contribution au Nouveau Roman, un mouvement littéraire des années 1950-1960 qu'elle porte avec son écriture novatrice. *Le Ravissement de Lol V. Stein* (1964) raconte l'histoire d'une jeune femme traumatisée par la fuite de son fiancé avec une autre femme lors d'un bal. Lol se replie sur elle-même et sombre dans la folie. En vérité, rien d'extraordinaire n'arrive à cette femme qui s'est depuis remariée. L'histoire n'a pas pour but de nous raconter ses aventures, mais de nous donner à voir une femme tourmentée.

« Ce fut là ma première découverte à son propos : ne rien savoir de Lol était la connaître déjà. »

Marguerite Duras explore l'esprit de Lol V. Stein en le présentant comme très complexe. Il y a une profondeur psychologique chez son personnage. D'abord, Lol est présentée comme un **personnage insaisissable**, difficile à cerner. Son esprit semble être difficile à comprendre pour les autres personnages et même pour elle-même. Mais à aucun moment, Duras ne cherche à expliquer la folie de son personnage ; elle donne la cause de son état psychique, mais c'est tout. Le lecteur non plus n'aura jamais accès au fin mot de l'histoire.
Ce qu'on sait d'elle, c'est qu'elle a été brisée par un événement terrible, le bal, qui devient un traumatisme. Elle ne parvient pas à dépasser cet événement, et elle reste piégée dans le passé. Lol semble déconnectée des autres. Souvent décrite comme étant absente, elle semble ne pas ressentir d'émotions trop fortes, et elle ne s'intéresse à rien de profond.
Duras explore ainsi le concept de trauma psychologique et ses conséquences durables sur l'esprit humain.

EXEMPLE DE COMMENTAIRE DE THÉRÈSE RAQUIN

Il enleva la carafe des mains de sa femme et remplit un verre d'eau. Puis, se tournant à demi, il y vida le petit flacon de grès, en y mettant un morceau de sucre. Pendant ce temps, Thérèse s'était accroupie devant le buffet ; elle avait pris le couteau de cuisine et cherchait à le glisser dans une des grandes poches qui pendaient à sa ceinture.

À ce moment, cette sensation étrange qui prévient de l'approche d'un danger fit tourner la tête aux époux, d'un mouvement instinctif. Ils se regardèrent. Thérèse vit le flacon dans les mains de Laurent, et Laurent aperçut l'éclair blanc du couteau qui luisait entre les plis de la jupe de Thérèse. Ils s'examinèrent ainsi pendant quelques secondes, muets et froids, le mari près de la table, la femme pliée devant le buffet. Ils comprenaient. Chacun d'eux resta glacé en retrouvant sa propre pensée chez son complice. En lisant mutuellement leur secret dessein sur leur visage bouleversé, ils se firent pitié et horreur.

Madame Raquin, sentant que le dénouement était proche, les regardait avec des yeux fixes et aigus.

Et brusquement Thérèse et Laurent éclatèrent en sanglots. Une crise suprême les brisa, les jeta dans les bras l'un de l'autre, faibles comme des enfants. Il leur sembla que quelque chose de doux et d'attendri s'éveillait dans leur poitrine. Ils pleurèrent, sans parler, songeant à la vie de boue qu'ils avaient menée et qu'ils mèneraient encore, s'ils étaient assez lâches pour vivre. Alors, au souvenir du passé, ils se sentirent tellement las et écœurés d'eux-mêmes, qu'ils éprouvèrent un besoin immense de repos, de néant. Ils échangèrent un dernier regard, un regard de remerciement, en face du couteau et du verre de poison. Thérèse prit le verre, le vida à moitié et le tendit à Laurent qui l'acheva d'un trait. Ce fut un éclair. Ils tombèrent l'un sur l'autre, foudroyés, trouvant enfin une consolation dans la mort. La bouche de la jeune femme alla heurter, sur le cou de son mari, la cicatrice qu'avaient laissée les dents de Camille.

Les cadavres restèrent toute la nuit sur le carreau de la salle à manger, tordus, vautrés, éclairés de lueurs jaunâtres par les clartés de la lampe que l'abat-jour jetait sur eux. Et, pendant près de douze heures, jusqu'au lendemain vers midi, madame Raquin, froide et muette, les contempla à ses pieds, ne pouvant se rassasier les yeux, les écrasant de regards lourds.

Émile Zola, *Thérèse Raquin* (1867)

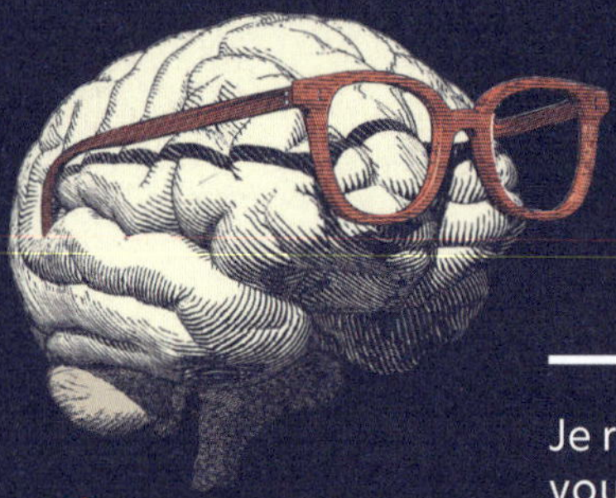

POINT MÉTHODE
REPÉRER LES PROCÉDÉS LITTÉRAIRES EN 4 ÉTAPES

Je rappelle que l'exercice du commentaire composé vous demandera d'analyser un texte jamais vu auparavant. Il faut donc le lire plusieurs fois, j'insiste. Admettons que vous passiez une heure environ sur le brouillon : revenir sur le texte toutes les vingt minutes ne sera pas de trop. Même si vous pensez tenir une interprétation cohérente, relisez le texte encore et encore. Peut-être y trouverez-vous quelque chose de nouveau à force de vous familiariser avec lui.

Quoi qu'il en soit, pour trouver les procédés, on va fonctionner par types de procédés :

1. D'abord, vous chercherez les **procédés lexicaux**. Ici, nous avons :

- champ lexical de la violence
- champ lexical de la mort
- champ lexical du regard
- champ lexical des émotions négatives
- quelques répétitions
- 3 épithètes à valeur méliorative
- 21 épithètes à valeur péjorative
- registre de langue : courant

2. Ensuite, vous vous concentrerez sur les **procédés syntaxiques et grammaticaux**. C'est très simple, vous allez voir.
Ici, nous avons :

- 3e pers. du singulier → Laurent
- 3e pers. du singulier → Thérèse
- 3e pers. du pluriel → Thérèse et Laurent (au début, ils sont vus chacun de son côté, puis on les voit ensemble)
- 3e pers. du singulier → Madame Raquin = spectatrice de cette scène
- construction des phrases : affirmatives
- discours direct/indirect ? aucun
- passé simple → narration
- imparfait et plus-que-parfait → narration

3. Enfin, vous dresserez une liste des **figures de style** présentes dans le texte.

- une métaphore
- deux hyperboles
- une comparaison

4. Et si vous traitez un texte écrit en vers, ce qui n'est pas le cas ici, vous étudiez la **versification**.

Arthur
Rimbaud,
– juin 1872
P. V.
de mémoire

RIMBAUD

ET LA RÉVOLTE

LA RÉVOLTE, QU'EST-CE QUE C'EST ?

« La révolte est l'une des dimensions essentielles de l'homme. »
Camus, *L'Homme révolté*

Mouvement de refus, d'opposition, et de contestation, la révolte se traduit par un désir de **faire changer les choses**, de rompre avec l'ordre établi. Je parle d'ordre établi car, en général, la révolte s'inscrit dans un contexte politique ou social. Ça, c'est pour ce qui est de la révolte collective. Mais la révolte peut aussi se jouer individuellement ; certains se révoltent contre leur environnement, par exemple. Cette contestation peut être motivée par de nombreux facteurs, tels que l'injustice, l'oppression, la frustration ou tout simplement le désir de changement.

Le 1er décembre 1955 à Montgomery (États-Unis), Rosa Parks refuse de laisser sa place à un passager blanc dans un autobus en pleine période de ségrégation raciale. Pour cet acte de révolte, elle est arrêtée par la police. Son acte individuel devient collectif quand elle trouve du soutien en la personne de Martin Luther King.

La révolte a joué un rôle important dans le développement de nos sociétés. En effet, vu qu'elle exige un changement, elle a contribué à l'émancipation des peuples et à l'évolution des idées.

ET À L'ÉPOQUE ?

Rappelez-vous l'événement sur lequel se termine le XVIIIe siècle : la Révolution. En réalité, tout le XIXe siècle est marqué par d'importants bouleversements culturels, sociaux, et politiques, qui ont influencé la révolte artistique de l'époque. Oui, l'Histoire a souvent trouvé dans l'art un moyen d'exprimer la révolte. Puisque les artistes s'expriment à travers l'art (peinture, littérature, cinéma...), ils peuvent exprimer leur révolte grâce à lui, et ainsi critiquer l'ordre établi. La volonté de changement se traduit alors par des œuvres provocantes, innovantes, parfois subversives (c'est-à-dire menaçantes pour le pouvoir en place), en rupture avec l'esthétique que tout le monde connaît alors.

ARTHUR RIMBAUD (1854-1891)

Enfant prodige, Arthur Rimbaud commence à écrire des poèmes alors qu'il n'a que quinze ans. À cet âge-là, il est un adolescent turbulent et rebelle, mais sa révolte va au-delà du cadre familial ou scolaire : elle s'étend à une **critique de l'autorité**, anticipant ainsi sa posture engagée.

« La morale est la faiblesse de la cervelle. »
Rimbaud, *Une saison en enfer*

Loin de se limiter à une rébellion personnelle, Rimbaud s'intéresse aux questions politiques et sociales : il critique l'injustice sociale et les horreurs de la guerre. De manière plus générale, il s'oppose à toutes les conventions sociales et morales de son époque, et cela se ressent dans sa poésie. Rimbaud s'affirme comme un **poète révolutionnaire**, car il explore de nouvelles formes poétiques, ce qui permet une redéfinition de la poésie. L'œuvre d'Arthur Rimbaud a eu une influence considérable sur la poésie moderne.

Cahiers de Douai

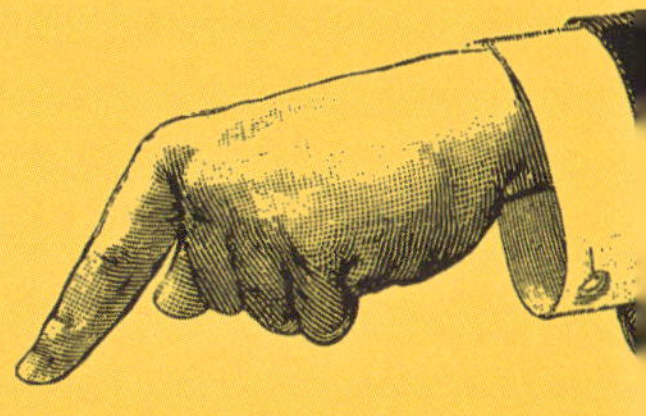

« Au moins, Rimbaud, c'est le moins pire de tous. »

MON AVIS

FACILITÉ DE LECTURE : ★★★★☆

On parle de 22 poèmes. Oui, 22 poèmes seulement, dont 10 sont des sonnets de 14 vers… Alors on ne se plaint pas, et on lit !

INTÉRÊT DU FOND : ★★★½☆

Chacun des poèmes pris isolément a son propre intérêt, mais comprendre la démarche de Rimbaud, ce qu'il a cherché à faire dans ces deux cahiers, c'est cela qu'on attend réellement de vous.

INTÉRÊT DE LA FORME : ★★★★☆

Ce qui est intéressant, ici, c'est que la forme rejoint le fond : le style de l'auteur marque également une rupture avec les codes poétiques de l'époque.

Je dis toujours qu'un recueil de poèmes, pour être apprécié à sa juste valeur, ne doit pas être lu d'une traite. D'après moi, il faut lire un poème ou deux, calmement, puis reposer le livre et y revenir un peu plus tard, lire un troisième poème à un autre moment, etc. C'est pour cette raison que vous avez beaucoup de chance si votre prof a choisi les *Cahiers de Douai*, c'est court et facile à lire, vous allez pouvoir vous concentrer sur chaque poème un par un et les comprendre tous dans leur ensemble grâce à ce chapitre !

CAHIERS DE DOUAI, PRÉSENTATION DE L'ŒUVRE

« Et j'irai loin, bien loin, comme un bohémien,
Par la Nature, - heureux comme avec une femme. »

En août et en octobre 1870, le jeune Arthur Rimbaud **fugue** de chez lui et écrit, pendant ses séjours à Douai, un cahier de poèmes pour chaque fugue. Ils deviendront les *Cahiers de Douai*, un seul et même recueil regroupant vingt-deux poèmes écrits par un adolescent révolté. Dans ce recueil, Rimbaud varie les formes poétiques : il écrit des poèmes de forme libre (c'est-à-dire sans structure imposée), mais aussi des poèmes de forme fixe comme les sonnets, obligatoirement composés de deux quatrains et deux tercets. Le poète ne s'interdit rien, il explore une grande variété de thèmes, tels que la nature, l'amour, la mythologie, etc. sans donner de véritable structure à son recueil. Celui-ci reflète simplement la diversité des intérêts et préoccupations de Rimbaud adolescent.

Comme il rejette tous les codes de son époque, les *Cahiers* n'entrent dans aucune case. On ne peut donc **pas attribuer à ce recueil un mouvement littéraire** bien défini. Rimbaud s'inspire des poètes qui le précèdent et qu'il admire, mais s'en démarque également.

LA RÉVOLTE CHEZ RIMBAUD

Alors qu'il n'a que dix-sept ans, Rimbaud se cherche encore, mais une chose est sûre : sa révolte se manifeste sur plusieurs plans.

• Révolte sociale et morale

« – Et ce fut adorable,
Quand la fille aux tétons énormes, aux yeux vifs
– Celle-là, ce n'est pas un baiser qui l'épeure* ! –
Rieuse, m'apporta des tartines de beurre [...]. »

*lui fait peur

Rimbaud refuse de se plier aux conventions sociales, c'est-à-dire toutes les règles (implicites ou explicites) qui s'imposent à nous qui vivons en société. Il aime donc se montrer provocateur dans le vocabulaire qu'il emploie, sachant très bien qu'il va choquer son lectorat avec des mots aussi crus que "tétons énormes" ou encore "ulcère à l'anus", des termes très éloignés de ce qu'on imagine quand on parle de poésie.

• Révolte religieuse

« Il est un Dieu, [...]
Qui dans le bercement des hosannah* s'endort,
Et se réveille, quand des mères, ramassées
Dans l'angoisse, et pleurant sous leur
vieux bonnet noir,
Lui donnent un gros sou lié dans leur mouchoir ! »

*formule de bénédiction

Il remet ouvertement en question les normes établies de respect envers la religion. Il accuse Dieu de ne se réveiller que pour compter les sous que lui apportent ses fidèles. Sa moquerie devient un acte de défiance vis-à-vis des dogmes religieux, qui n'inspirent au poète aucun respect, ni aucune peur d'ailleurs !

• **Révolte politique**

« Car l'Empereur est soûl
de ses vingt ans d'orgie* ! »

*fête qui dégénère en toutes sortes de vices

Politiquement, sa révolte s'exprime de manière très assumée contre la figure de Napoléon III. À cette époque, l'empereur s'engage dans une guerre très meurtrière contre la Prusse. Rimbaud transforme sa poésie en un acte de contestation politique et critique le pouvoir en place. Il met également en lumière les dysfonctionnements d'un pays qui ne parvient pas à faire vivre correctement ses habitants : « Je suis un forgeron : ma femme est avec eux ; / Folle ! Elle croit trouver du pain aux Tuileries ! / – On ne veut pas de nous dans les boulangeries. »

UNE RÉVOLUTION POÉTIQUE

Rimbaud ne se contente pas de proposer quelque chose de nouveau dans ses vers, il réinvente la poésie elle-même ! S'écartant des règles établies, il se libère des contraintes traditionnelles pour faire du neuf. Que sont les **contraintes traditionnelles** ? Eh bien, il s'agit des règles strictes que les poètes s'imposent depuis toujours dans l'écriture de leurs vers. Par exemple, Rimbaud refuse d'accepter la bienséance exigée dans l'art (c'est-à-dire la règle de ne jamais choquer son public), et s'amuse du choc que son écriture pourrait susciter.
La poésie traditionnelle privilégie des thèmes romantiques, mélancoliques ou oniriques (c'est-à-dire liés au rêve). Rimbaud accepte de traiter ces thèmes dans certains de ses poèmes, mais uniquement pour s'en amuser. Par exemple, dans le poème « Roman », il raconte ses premiers émois amoureux, l'éveil de sa sensualité en tant que jeune homme « immensément naïf », en faisant preuve de beaucoup d'autodérision : « Vous êtes amoureux. Loué jusqu'au mois d'août. / Vous êtes amoureux –

Vos sonnets La font rire. / Tous vos amis s'en vont, vous êtes mauvais goût. / – Puis l'adorée, un soir, a daigné vous écrire… ! » Sa révolte s'exprime donc aussi bien dans le fond (les thèmes, le message) que dans la forme (l'écriture, le style).

Aujourd'hui, tout le monde reconnaît en Rimbaud un des plus grands auteurs de la littérature française. Et ce qui est original dans l'étude de cette œuvre, c'est qu'elle nous permet de voir que c'est vraiment à tort qu'on veut faire de lui un classique parmi les classiques ! Si on lui avait demandé son avis, il n'aurait sans doute pas accepté d'être qualifié ainsi. D'ailleurs, les symbolistes ont vu en lui un précurseur de leur esthétique, mais Rimbaud ne s'est jamais revendiqué de ce mouvement. Il a écrit des poèmes que l'on peut qualifier de symbolistes, comme « Voyelles » dans un autre recueil intitulé *Illuminations*, mais en quelques années, tout se joue et se déjoue dans sa poésie. Alors ne commettez pas l'erreur de lui coller une étiquette !

UN AUTEUR EN LIEN : CHARLES BAUDELAIRE

Véritable figure d'inspiration pour Rimbaud, Charles Baudelaire (1821-1867) rend lui aussi possible une révolution poétique, notamment grâce à son célèbre recueil *Les Fleurs du Mal*, publié en 1857. Baudelaire n'incarne pas de révolte sociale au sens politique du terme, mais une **révolte artistique et esthétique**, qui lui vaut d'être condamné pour « outrage à la morale publique et aux bonnes mœurs ».

En effet, il introduit dans la poésie des thèmes jusqu'alors tabous, comme la sexualité, la prostitution, les drogues, le diable… des thèmes qui n'auraient rien à faire dans la poésie, d'après certains ! En outre, Baudelaire utilise un langage cru et provocateur, des images violentes comme celle d'une

charogne en train de pourrir au soleil. Ces écarts choquent l'opinion publique et la morale, comme le fera Rimbaud quelques années plus tard.
Mais d'où cela lui vient-il ?

Obsédé par la recherche d'un idéal esthétique, Baudelaire veut toucher la perfection du bout des doigts, et paradoxalement, il est persuadé que le beau peut se cacher dans la laideur d'une mendiante, d'une jeune fille malade, d'un vieillard. Il prend donc la liberté d'en parler ouvertement, refusant de se conformer aux codes de la poésie de l'époque. En faisant cela, il affirme la **liberté individuelle de l'artiste**. Le poète doit pouvoir explorer la réalité telle qu'elle est, même lorsque cela dérange les conventions morales établies. Il ouvre la modernité.

Chez Rimbaud, en quoi peut-on dire que la poésie est une célébration de la liberté ?

Je reformule : En quoi Rimbaud prône-t-il l'émancipation poétique dans son recueil *Cahiers de Douai* ?

I. À l'origine, Rimbaud est en quête de liberté sur le plan individuel.

- **A.** Dès son plus jeune âge, Rimbaud montre des signes de rébellion contre sa famille. La fugue est à l'origine de ses *Cahiers de Douai*.
- **B.** Il ne supporte pas non plus les conventions sociales et morales, qu'il juge hypocrites.

II. Par la suite, son désir de changement se caractérise par un refus de tout type d'autorité.

- **A.** Rimbaud marque son engagement politique en critiquant la guerre et la figure de Napoléon III.
- **B.** Son engagement s'étend à la sphère sociale, il critique l'injustice dont sont victimes les plus faibles.

III. Enfin, l'apogée de cette liberté se traduit dans ses poèmes, dont la forme non conventionnelle rejoint naturellement le fond.

- **A.** Rimbaud défie les codes poétiques de son époque, ce qui donne lieu à une révolution artistique.
- **B.** Il va même plus loin et n'hésite pas à explorer de nouvelles formes poétiques, devenant ainsi malgré lui l'une des grandes figures du symbolisme.

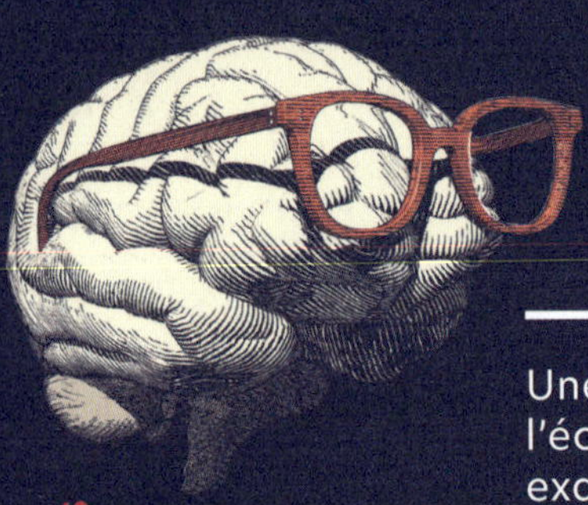

POINT MÉTHODE
RÉDIGER UNE CONCLUSION

Une des pires erreurs que vous puissiez faire à l'écrit est de bâcler la conclusion, car certains examinateurs *commencent* par lire introduction et conclusion afin de se faire une idée de la note qu'ils vous attribueront. Votre conclusion doit donc se montrer à la hauteur de l'introduction. Pourtant, je le sais, vous arrivez au bout du temps qui vous est imparti, et vous manquez des quelques minutes qui vous auraient permis de rédiger la conclusion et de vous relire. Ça arrive beaucoup trop souvent, alors voici comment l'éviter.

À partir de maintenant, rédigez la conclusion au brouillon, juste après avoir rédigé l'introduction. Rappelez-vous toujours ceci : l'introduction formule une promesse (voir chapitre 9), et la conclusion doit prouver que vous avez *tenu* cette promesse, que vous ne vous êtes pas écartés du fil rouge dessiné dans l'intro ! La conclusion doit donc répondre clairement à l'intro.

Voici les éléments qui doivent y figurer :

Résumé

[alinéa] En conclusion, nous avons vu que la quête de liberté de Rimbaud trouve son origine dans les aspirations personnelles du poète. Ce désir de changement se transforme ensuite en une opposition féroce à toute forme d'autorité, que l'on retrouve dans sa poésie. En effet, Rimbaud s'émancipe des codes poétiques de son époque et fait ainsi un pas vers la modernité.

Réponse à la problématique

Arrivés au terme de ce travail, nous pouvons dire que l'émancipation poétique de Rimbaud s'impose comme une extension de sa quête de liberté personnelle.

Ouverture

En ce sens, le jeune Rimbaud hérite de l'audace et de l'esprit provocateur de Charles Baudelaire. Dans *Les Fleurs du Mal*, publiées en 1857, Baudelaire montre sa volonté de dépasser les limites artistiques afin de pouvoir s'exprimer librement. Tous deux exercent sur la poésie une influence visionnaire annonçant le symbolisme.

Remarque : ce paragraphe tient en un seul bloc (pas de retour à la ligne !)

COLETTE
ET L'AUTOBIOGRAPHIE

L'AUTOBIOGRAPHIE, QU'EST-CE QUE C'EST ?

« Je veux montrer à mes semblables un homme dans toute la vérité de la nature ; et cet homme ce sera moi. »
Jean-Jacques Rousseau, *Confessions*

Lorsqu'une personne décide de partager le récit de sa vie, elle a recours à l'autobiographie. Elle devient alors l'auteure de sa propre vie. L'objectif est de faire part de ses souvenirs et de ses réflexions dans ce qu'on appelle un récit rétrospectif (c'est-à-dire un récit qui parle du passé).
C'est aussi un moyen pour les écrivains de s'engager dans un **processus introspectif** : en se replongeant dans le passé, l'auteur tente de se comprendre lui-même, de surmonter des traumatismes ou des expériences difficiles. L'autobiographie offre aux lecteurs un **aperçu intime** de la vie de l'auteur, permettant parfois de mieux comprendre ses motivations, les remises en question et les prises de conscience qui ont façonné sa personnalité. Elle peut aussi être une façon pour l'auteur d'informer ou d'inspirer ses lecteurs.

Ie XIXe XXe

ET À L'ÉPOQUE ?

Aujourd'hui, on a l'habitude de parler d'actes manqués, exécutés « inconsciemment ». On sait que des choses peuvent nous passer par la tête sans qu'on ait de contrôle sur elles, mais ça n'a pas toujours été le cas. Le fondement de la **psychanalyse** par Sigmund Freud au début du XXe siècle a un impact considérable sur le développement du roman personnel entre 1910 et 1930. Que nous dit Freud ? D'après lui, la première étape pour guérir de ses traumatismes est d'en prendre conscience, et pour cela, il faut revenir sur les blessures passées. Cette nouvelle conception de l'inconscient fascine les romanciers du XXe siècle, qui cherchent à explorer ses profondeurs. Le roman personnel se caractérise par un véritable goût de l'analyse, reflétant l'influence de la psychanalyse.

Mais à cette envie de revenir à soi se mêle celle de se poser des questions universelles. Par exemple, en parlant de ma propre histoire d'amour, celle-ci devient le point de départ d'une réflexion sur la passion amoureuse, un sujet qui toucherait n'importe quel lecteur.

SIDONIE-GABRIELLE COLETTE (1873-1954)

« Je suis devenue écrivain sans m'en apercevoir, et sans que personne s'en doutât. »
Discours de réception à l'Académie royale de langue et de littérature françaises de Belgique

Le parcours littéraire de Colette commence sous la tutelle de son premier mari, Willy. Ce dernier voit le potentiel de la jeune Gabrielle et l'utilise comme prête-plume : jusqu'en 1923, elle signera Colette Willy. Entre 1900 et 1903, elle écrit sa série de romans *Claudine* sous le pseudonyme de son époux. Cependant, en 1906, elle divorce de Willy, marquant ainsi le début des années de scandale et de libération morale pour Colette. Affranchie de son ex-mari, Colette se met en scène dans le monde du music-hall, dévoilant sa bisexualité. En effet, Colette affiche plusieurs relations homosexuelles au cours de sa vie, dont une liaison controversée avec Missy, indirectement présente dans *Les Vrilles de la vigne*. Leur relation ajoute une **dimension scandaleuse** à la vie déjà tumultueuse de Colette. Et ce n'est pas tout : pendant cinq ans, elle entretient une relation amoureuse avec le fils de son deuxième mari, qui n'a que dix-sept ans lorsqu'il commence à fréquenter sa belle-mère. Néanmoins, Colette poursuit sa carrière avec succès en étant élue à l'Académie Goncourt en 1945, preuve que l'institution reconnaît sa contribution significative à la littérature française.

Sido et Les Vrilles de la vigne

« Ça intéresse qui au juste ?? »

MON AVIS

FACILITÉ DE LECTURE : ★★★★☆
Rien de très compliqué dans le vocabulaire choisi ou les tournures de phrases, la lecture est très accessible, peut-être un peu longue pour ce qu'elle raconte.

INTÉRÊT DU FOND : ★☆☆☆☆
À part capturer quelques moments différents de sa vie, ni *Sido* ni *Les Vrilles de la vigne* ne nous donnent accès à autre chose qu'à l'auteure.

INTÉRÊT DE LA FORME : ★★☆☆☆
Votre professeur attirera l'attention sur l'écriture poétique de Colette, que beaucoup qualifient de sensuelle.

Je vais être honnête : je doute que ces deux ouvrages soient le meilleur choix que pouvait faire l'Éducation nationale, si son idée était de vous donner goût à l'œuvre de Colette. D'après moi, pour apprécier un récit aussi intime, il faut soit en apprécier l'auteure, soit pouvoir se rattacher à une intrigue bien racontée, soit en tirer un réel enseignement – philosophique ou moral. Or, il y a peu de chances que vous connaissiez déjà Colette, aucune histoire ne tient le lecteur de *Sido* ou des *Vrilles de la vigne* en haleine, et l'enseignement que l'on peut en tirer doit être bien dissimulé.

LES VRILLES DE LA VIGNE / SIDO, PRÉSENTATION DES ŒUVRES

« Une enfant très aimée, entre des parents pas riches, et qui vivait à la campagne parmi des arbres et des livres, et qui n'a pas connu ni souhaité les jouets coûteux : voilà ce que je revois en me penchant ce soir sur mon passé... »

Deux ans après son divorce de Willy, en 1908, Colette publie *Les Vrilles de la vigne*. Il s'agit d'une collection de textes courts qui varient en ton et en thème, mais qui célèbrent la beauté de la nature tout en explorant les détails de la vie quotidienne. *Les Vrilles de la vigne* reflète l'amour de Colette pour la campagne, les animaux... Déjà en 1908, elle aime se rappeler son enfance dans la nature.
Publié en 1929, *Sido* est une œuvre de maturité : elle a presque soixante ans lorsqu'elle offre un aperçu de son enfance dans la campagne bourguignonne, de sa relation avec sa mère, son père, ses frères et sa sœur. Au centre de son récit, Sido, sa mère, une femme forte et indépendante qui influencera sa vie de manière significative. Elle raconte l'impact de ses expériences passées sur l'adulte qu'elle est devenue : « Tout cela, c'est moi enfant et moi à présent... »

En 2018, Michelle Obama publie ses mémoires dans un best-seller qui a connu le plus grand succès enregistré par n'importe quel autre livre aux États-Unis : *Devenir* (*Becoming*). Alors qu'elle n'est plus depuis quelques mois la première dame du pays, elle livre dans ses mémoires un témoignage de son évolution, depuis l'enfance jusqu'au dernier jour passé à la Maison-Blanche. Il s'agit là d'une œuvre de maturité, qui ne paraît que lorsqu'elle se sent assez expérimentée pour parler de son vécu.

LES SOUVENIRS D'ENFANCE

« Vous n'imaginez pas quelle reine de la terre j'étais à douze ans ! [...] Ah ! que vous m'auriez aimée, quand j'avais douze ans, et comme je me regrette ! »

Dans ces deux œuvres, Colette revient sur son enfance et sa jeunesse, qu'elle idéalise. Ce **retour aux sources** paraît nécessaire, car elle a perdu ses proches. À travers *Sido* surtout, elle veut faire ressurgir le passé, faire revivre les êtres aimés grâce aux anecdotes racontées. La figure familiale la plus importante, celle qui occupe presque toutes ses pensées, c'est sa mère, qu'elle aime profondément. Elle est un modèle pour sa fille, qui l'admire et la respecte.
Celle-ci fait découvrir à sa fille l'amour de la nature, les animaux, le plaisir des sens. C'est pourquoi le **jardin de l'enfance** est un lieu important dans l'œuvre de Colette. Il est un *locus amoenus*, un lieu de bonheur et de bien-être.

Pour comprendre la symbolique du jardin, je vous conseille de regarder *Le Jardin secret* (1993), un film adapté du roman éponyme écrit en 1911 par Frances Hodgson Burnett : c'est l'histoire d'une jeune fille qui découvre un jardin et toute la vie qui sommeille en lui. Cela peut faire l'objet d'une ouverture intéressante. Pensez alors à parler d'œuvre cinématographique, et non de *film*.

CÉLÉBRATION DE LA NATURE ET PLAISIR DES SENS

« J'écoute, mais surtout je regarde. »

Le jardin est un lieu d'émerveillement et de découverte pour Colette. La **contemplation de la nature** est un thème récurrent, comme chez les poètes romantiques du XIXe siècle, d'où la dimension poétique de ses œuvres. L'auteure a une grande capacité d'observation : elle passe beaucoup de temps à regarder, à contempler son environnement. Sido est présentée comme très attachée à la nature, et exerce une influence durable sur la sensibilité artistique de sa fille. Même à l'âge adulte, Colette prend plaisir à contempler les merveilles simples du quotidien. Elle utilise un **langage poétique** pour décrire les scènes champêtres, les saisons changeantes.

Les anecdotes sont souvent racontées par le biais des sensations, et Colette a recours à des descriptions sensorielles pour donner vie à ses souvenirs. Ainsi, le texte ne comporte pas les *réflexions* de Colette enfant, mais les ***sensations*** qu'elle a connues à travers ses sens (la vue, l'ouïe, le toucher). L'enfant se tient sans cesse à l'écoute de la nature, et tous ses sens sont prêts à contempler la beauté du monde.

UNE VIE ROMANCÉE

« Ma mère [...] tenait pour naturel, voire obligatoire, d'enfanter des miracles. »

Cette écriture poétique **sublime l'ordinaire**, c'est-à-dire qu'elle transforme des moments ordinaires en explorations poétiques. Colette met en lumière les joies simples de la vie, les détails de la nature et la relation entre l'homme et son environnement.

Par extension, elle transforme ainsi son enfance en une **réalité fantasmée et idéalisée**, son jardin en un univers enchanté. Elle présente son enfance comme une période de bonheur et d'insouciance et occulte les moments difficiles, tels que la mort de sa sœur, les conflits familiaux ou les difficultés de la vie quotidienne.

« L'autobiographie, qui paraît au premier abord le plus sincère de tous les genres, en est peut-être le plus faux. »
Albert Thibaudet

C'est d'ailleurs ce que beaucoup de critiques littéraires reprochent à l'autobiographie. Celle-ci est souvent perçue comme un moyen pour l'auteur de partager son expérience de manière intime et authentique. Cependant, une autobiographie étant le produit de la mémoire de l'auteur, les souvenirs peuvent être déformés, embellis ou réinterprétés. C'est logique ; si je vous raconte aujourd'hui un événement qui s'est passé hier, ma mémoire peut me faire défaut, mais seulement dans une certaine mesure : le souvenir sera encore quasiment intact. Alors que si je vous raconte ce même événement dans cinq ans, je peux — intentionnellement ou non — vous communiquer une idée fausse de mon vécu !

UNE AUTEURE EN LIEN : ANNIE ERNAUX

« J'écrirai pour venger ma race. »

Née en 1940, Annie Ernaux s'est imposée comme une figure majeure de la littérature autobiographique. Originaire d'une famille modeste de la classe ouvrière, Ernaux s'intéresse aux questions sociales et politiques. Elle adopte ce qu'elle appellera une écriture plate par choix politique et idéologique : l'auteure a connu l'ascension sociale, a atteint un niveau de vie que ses parents ne connaîtront jamais, un niveau de langue que ses parents n'ont jamais eu, et quelque part, elle a l'impression de trahir ses origines modestes en utilisant un langage trop littéraire.

Alors elle opte pour l'écriture plate, fondée sur des souvenirs objectifs qu'elle va chercher non seulement dans sa mémoire, mais aussi dans ses journaux intimes. En effet, elle veut restituer de la manière la plus objective possible des faits et des sensations. Elle refuse d'aller vers une écriture poétique, contrairement à Colette : ne pas faire beau, mais être **dans la vérité.**

« Pourquoi de nous deux suis-je la seule à devoir tâtonner, combien de temps un poulet, est-ce qu'on enlève les pépins des concombres, la seule à me plonger dans un livre de cuisine, à éplucher des carottes, laver la vaisselle en récompense du dîner, pendant qu'il bossera son droit constitutionnel. »
Ernaux, *La Femme gelée*

Auteure engagée, Annie Ernaux se sert également de l'écriture pour témoigner de sa condition de femme et critiquer la société patriarcale. Dans *La Femme gelée* (1981), elle veut représenter toutes les femmes qui ont dû s'adapter aux conventions sociales et aux contraintes familiales, qui ont dû faire passer leurs aspirations individuelles après ces normes. Malgré la profondeur du sujet, l'écriture d'Annie Ernaux est marquée par sa froideur apparente, un style distancié pour analyser les expériences intimes.

PLAN DE DISSERTATION

EN QUOI PEUT-ON DIRE QUE *SIDO* ET *LES VRILLES DE LA VIGNE* DE COLETTE CÉLÈBRENT LE MONDE ?

Je reformule : En quoi Colette loue-t-elle la beauté et la complexité de son environnement dans *Sido* et *Les Vrilles de la vigne* ?

I. D'abord, *Sido* et *Les Vrilles de la vigne* sont des œuvres profondément imprégnées par la nature, que l'auteure célèbre.

- **A.** La nature est présentée comme une source de joie, un lieu de découverte et d'émerveillement.
- **B.** Colette donne à voir la vie, le changement, les mystères contenus dans la nature.

II. D'ailleurs, dès l'enfance, l'environnement de Colette lui procure une sensation de plaisir, ressentie dans l'écriture poétique de l'auteure.

- **A.** Colette met en avant les expériences sensorielles qui lui permettent de se mettre à l'écoute du monde pour en extraire la beauté.
- **B.** Son style d'écriture sublime l'ordinaire, célèbre la beauté du quotidien et lui donne des traits poétiques.

III. Au-delà d'une simple exaltation de la nature, Colette adopte une approche idéalisée de son enfance.

- **A.** Colette présente son passé comme une période de bonheur et d'insouciance, oubliant les moments de souffrance.
- **B.** À travers ces écrits, l'auteure cherche à faire revivre ceux qui ont marqué son existence, en particulier sa mère.

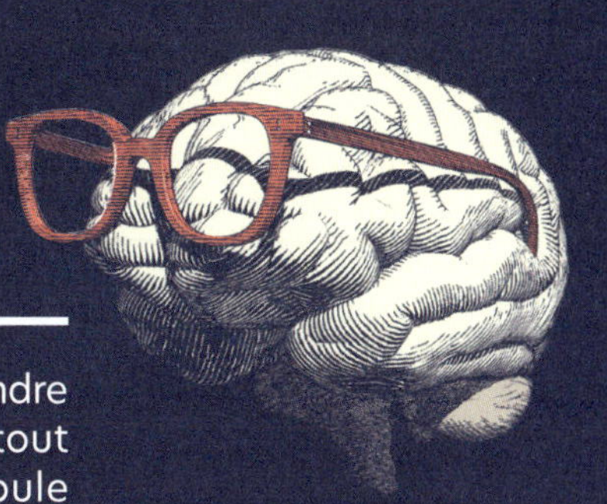

POINT MÉTHODE
ÉVITER LE HORS-SUJET

À l'écrit, votre double obsession doit être de répondre à la question de problématique et d'éviter à tout prix le hors-sujet. Or, la problématique découle directement du sujet. C'est donc au brouillon que vous devez vous assurer que :

1. le sujet a été bien reformulé (voir chapitre 1) ;
2. votre plan constitue un bon fil rouge.

Alors comment s'assurer que l'on ne perd jamais le sujet de vue, que notre plan y répond bien ? Vous allez vous concentrer sur les transitions.

Mon premier conseil est donc de rédiger vos trois transitions au brouillon.
Étape n°1 : Écrivez vos transitions avant de trouver vos sous-parties. C'est ainsi que votre plan répondra le mieux à la question posée.
Étape n°2 : Assurez-vous d'intégrer à chaque transition au moins un mot du sujet. (Les synonymes fonctionnent aussi très bien.)

En quoi peut-on dire que *Sido* et *Les Vrilles de la vigne* de Colette célèbrent le monde ?

I. D'abord, *Sido* et *Les Vrilles de la vigne* sont des œuvres profondément imprégnées par la nature, que l'auteure célèbre.

II. D'ailleurs, dès l'enfance, l'environnement de Colette lui procure une sensation de plaisir, ressentie dans l'écriture poétique de l'auteure.

III. Au-delà d'une simple exaltation de la nature, Colette adopte une approche idéalisée de son enfance.

CAMUS
ET L'ABSURDE

L'ABSURDE, QU'EST-CE QUE C'EST ?

Au fond, qu'est-ce qu'on fait là ? Quel est le sens de la vie ? Êtes-vous sûr qu'il y en a un ? Le monde a plus de quatre milliards d'années. Notre vie ne représente rien à cette échelle. Est-ce que ça a un sens, de travailler toute sa vie pour s'éteindre à l'âge de quatre-vingts ans ? De n'être au monde que le temps d'un clin d'œil ? De se lever le matin pour se recoucher le soir ?

De toute façon, c'est la mort qui nous attend. Alors pourquoi s'en inquiéter ? Pourquoi souffrir ? Pourquoi se laisser envahir par des sentiments négatifs ? Ou même positifs d'ailleurs... Si vous n'avez encore jamais pensé à cela dans votre vie, peut-être qu'un jour vous aurez ce qu'on appelle une petite crise existentielle. Ce jour-là, pensez à Camus !

Camus constate que l'homme cherche continuellement le sens de sa vie, qu'il a besoin de comprendre le monde qui l'entoure et sa place dans ce monde, son utilité. À ses questionnements, Camus répond que l'existence n'a pas de sens, pas de finalité en soi. **Ainsi, ce qui serait absurde, ce serait de chercher désespérément un sens à la vie, alors qu'il n'y en a aucun**. L'univers ne s'inquiète pas de nous, alors ne nous inquiétons pas de lui. Comprenez bien que ce questionnement est universel, touche absolument tout le monde. Aux quatre coins du monde, des philosophes, des théologiens ont tenté de répondre à cette question, à laquelle chacun peut finalement apporter sa propre réponse.

ET À L'ÉPOQUE ?

Pour comprendre le mouvement de l'absurde, il est essentiel de l'ancrer dans le contexte de l'époque. La Seconde Guerre mondiale soulève tout un tas de questions existentielles. Rendez-vous compte : « Plus jamais » se disait-on après la Première Guerre. Mais voilà qu'une vingtaine d'années plus tard, ça recommence. Les horreurs du conflit, les crimes contre l'humanité et la menace nucléaire créent un climat d'incertitude. Alors à quoi bon vivre dans un monde aussi cruel ? Le monde est en crise, une **crise de foi** généralisée, et l'absurde émerge comme une réponse à cette grande remise en question.

ALBERT CAMUS (1913-1960)

D'origine algérienne, Camus connaît un grand succès de son vivant : il reçoit le prix Nobel de littérature, devenant ainsi le plus jeune écrivain à se voir attribuer ce prix. En même temps, le moins qu'on puisse dire est qu'il laisse derrière lui une œuvre très variée. Elle comprend des romans, des essais, des pièces de théâtre et des articles de presse, ce qui fait de Camus un écrivain, un journaliste et un philosophe. Dans toutes ses activités, il se présente comme un défenseur de la justice sociale et de la liberté individuelle.

« L'absurde, c'est la raison lucide
qui constate ses limites. »
Camus, *Le Mythe de Sisyphe*

Il est à l'origine de l'absurde, qu'il illustre dans une tétralogie (c'est-à-dire quatre livres) qu'il appellera **le « cycle de l'absurde »** :

1. *L'Étranger*, roman publié en 1942
2. *Le Mythe de Sisyphe*, essai publié en 1942
3. *Caligula*, pièce de théâtre publiée pour la première fois en 1944
4. *Le Malentendu*, pièce de théâtre jouée pour la première fois en 1944

L'ÉTRANGER, PRÉSENTATION DE L'ŒUVRE

Peut-être avez-vous déjà étudié *L'Étranger* en classe, mais est-ce que vous en avez réellement saisi l'essence ? Avez-vous compris pourquoi l'auteur a choisi ce titre ? Quoi qu'il en soit, on va tout reprendre depuis le début !
Dans ce roman, le lecteur découvre Meursault, un homme totalement déconnecté de *notre* réalité qui vit sa vie simplement, sans se poser de question.

« Aujourd'hui, maman est morte.
Ou peut-être hier, je ne sais pas.
J'ai reçu un télégramme de l'asile :
"Mère décédée. Enterrement demain.
Sentiments distingués." »

Le roman s'ouvre sur l'annonce de la mort de sa mère. Il raconte les événements qui ont suivi cette mort dans ce qui ressemble à un journal intime de sa vie. Peu de temps après, il tombe sur Marie, avec qui il entame une relation amoureuse ; il se fait l'ami de Raymond, un voisin violent qui frappe sa petite amie. Un jour, Raymond les invite à la mer et, sans trop savoir comment ni pourquoi, Meursault tue l'ennemi de Raymond sur la plage.
Cet homme était en réalité le frère de la petite amie de Raymond ; il était venu, armé, régler ses comptes avec le nouvel ami de Meursault. L'arme avec laquelle ce dernier tue l'Arabe (c'est le nom qu'on lui donne dans le livre), c'est Raymond qui la lui a donnée. On pourrait donc s'attendre à un procès qui l'acquitte pour légitime défense. Oui, mais voilà, Meursault a tiré quatre fois en tout, dont trois sur le corps inerte et, quand on lui demande *pourquoi*, au lieu de plaider la légitime défense, il explique son geste par un enchaînement de hasards – le soleil qui l'aveugle, notamment.
Condamné à mort, il achève son récit sur ses dernières volontés avant d'être exécuté : « Il me restait à souhaiter qu'il y ait beaucoup de spectateurs le jour de mon exécution et qu'ils m'accueillent avec des cris de haine. »

LE PREMIER CONTACT AVEC MEURSAULT

« Ainsi le choc que vous avez ressenti en ouvrant le livre [...] était voulu : c'est le résultat de votre première rencontre avec l'absurde. »
Jean-Paul Sartre, « Explication de *L'Étranger* » dans *Situations I*

Pour tout vous dire, ma première réaction à la lecture de *L'Étranger* a été l'étonnement, mais pas dans le bon sens du terme : le style, l'histoire, tout dans le livre me dérangeait. Je me demandais même à quoi était dû le succès de ce roman. Je me suis accrochée, heureusement, et j'ai compris.
Peut-être vous est-il déjà arrivé de tenir un journal intime. En plus d'y raconter vos aventures de la journée, vous mettez des mots sur ce que vous avez ressenti dans telle ou telle situation, n'est-ce pas ? Eh bien, pas ici. Le narrateur, Meursault, ne nous donne que rarement accès à ses émotions, c'est comme s'il ne ressentait rien. Sa mère meurt, mais il ne réagit pas ; son voisin frappe sa femme, mais il accepte son invitation à dîner ; son patron lui propose une promotion, et il la refuse. Pourtant, il n'a pas l'air fou, ou profondément mauvais. Mon premier contact avec Meursault a été un rapport d'étrangeté : il m'a semblé venir d'une autre planète.

ÉTRANGER POUR QUI ?

« Je voyais que je le mettais mal à l'aise. Il ne me comprenait pas et il m'en voulait un peu. »

D'abord, Meursault est un étranger pour la société qui l'entoure : il ne comprend personne et personne ne le comprend.
Sur **le plan individuel**, Meursault est tellement différent du concierge, de sa petite amie, de son patron, qu'il peine à cerner les personnes qui l'entourent, leurs sentiments ou leurs actions. Plusieurs fois, il comprend qu'on n'est pas satisfait

de sa réponse, mais se demande ce qu'il a pu mal dire ou mal faire : « J'ai pensé alors que je n'aurais pas dû dire cela. »
Sur **le plan collectif**, Meursault ne comprend pas les convenances sociales, qu'il trouve artificielles et inutiles. Selon lui, on ne devrait agir que d'après notre nature, et non d'après des règles imposées à tous par une société hypocrite. Pourquoi se forcer à dire ou faire ceci ou cela ?

« Il a déclaré que je n'avais rien à faire avec une société dont je méconnaissais les règles les plus essentielles et que je ne pouvais pas en appeler à ce cœur humain dont j'ignorais les réactions élémentaires. »

Et le monde le lui rend bien : tout le monde se comporte comme si Meursault n'était pas normal. On lui pose des questions auxquelles il n'a jamais réfléchi, et ses réponses dérangent, surtout son avocat, chargé de le défendre. Il est condamné à mort, plus pour son insensibilité à la mort de sa mère, pour son amitié avec un proxénète, pour son athéisme, que pour avoir tué quelqu'un qui le menaçait d'un couteau.
Le monde rejette Meursault et sa conception absurde de l'existence.
Certes, le personnage principal est étranger à cette société, mais pire encore, il est étranger à lui-même, à ses sentiments ainsi qu'à ses actions. Meursault n'exprime que très peu ses sentiments, et ce en particulier dans la première partie. Il se montre indécis à propos de ce qu'il éprouve dans des moments cruciaux. Par exemple, Marie lui propose de l'épouser. Sa réponse : « J'ai dit que cela m'était égal. » Elle lui demande alors s'il l'aime comme elle l'aime : « J'ai répondu [...] que cela ne signifiait rien mais que sans doute je ne l'aimais pas. »
Malgré tout, on aperçoit une évolution du personnage dans la seconde partie : Meursault passe d'un être incapable d'accueillir des émotions à un être

sensible, capable de reconnaître qu'il a été heureux, de se mettre en colère et d'en expliquer la raison.

LE STYLE DE CAMUS

Le style de Camus dans *L'Étranger* se caractérise par une forme de **minimalisme** dans l'écriture. On ne peut pas faire plus simple ! Les phrases y sont courtes, le vocabulaire réduit au minimum, les adjectifs quasiment absents, les descriptions peu développées... Et comme je vous le disais, le narrateur est un personnage qui raconte son histoire à la première personne sans nous permettre d'accéder à ses émotions ou à ses pensées. On appelle cela **l'écriture blanche**.

UN AUTEUR EN LIEN : EUGÈNE IONESCO

Comme Camus le fait dans *Caligula* et *Le Malentendu*, Ionesco explore l'absurde au théâtre. Sa première pièce, *La Cantatrice chauve*, est même considérée comme l'une des œuvres fondatrices du **théâtre de l'absurde**, développé dans les années 1950. Ionesco voit le monde comme un lieu absurde, **abandonné par la logique**. Aussi, son théâtre donne à voir des êtres absurdes, qui cherchent en vain un sens à leur existence. Les dialogues entre ses personnages ne mènent à rien, ils parlent mais ne se comprennent pas car leurs propos sont vides de sens.

Les pièces de théâtre de Ionesco se caractérisent par leur humour absurde et leur critique de la société moderne. Il dénonce la bureaucratie, la consommation, la violence, la guerre... Il met en scène une société qui ne donne pas de sens à la vie, ou qui n'en donne qu'à des futilités.

En 1959, il écrit *Rhinocéros*, une pièce de théâtre en trois actes, dont l'intrigue tourne autour d'une maladie dont seraient peu à peu atteints les humains, la rhinocérite : ils se transforment en rhinocéros. Au début, les citadins voient passer un rhinocéros, puis un autre, et ils se rendent compte que quelque chose cloche. Ils pensent à une épidémie mais rapidement, on apprend que cette métamorphose est volontaire : ce sont les humains qui souhaitent devenir rhinocéros. Alors qu'il les voit tous tomber un à un, Bérenger refuse de se transformer. Ce choix le confronte à la violence et à la pression de la société, qui l'oblige à se conformer à la nouvelle norme.

« J'ai des scrupules ! Mon devoir m'impose de suivre mes chefs et mes camarades, pour le meilleur et pour le pire. »

D'après la critique, la rhinocérite symboliserait la montée du totalitarisme dans le contexte de la Seconde Guerre mondiale. (Rappelons que l'œuvre paraît quinze ans à peine après la fin de la guerre.) Elle illustrerait la manière dont les hommes se sont pliés à une loi qui leur aurait paru insensée, insupportable quelque temps avant, mais qui s'est imposée par la force du nombre : tout un peuple a fini par suivre la pensée dominante, certains par contrainte, d'autres par conviction.
Nous pensons tous être uniques, singuliers, nous pensons suivre nos propres principes. Que nous dit Ionesco ?

« Moi aussi, j'ai été surpris, comme vous. Ou plutôt je l'étais. Je commence déjà à m'habituer. »

De manière plus générale, la façon dont la rhinocérite se propage permet de montrer comment l'avis d'un l'homme peut être fragile face à la masse, au nombre, à l'opinion des proches. Si tous vos amis commencent à jouer à un jeu vidéo en particulier, il y a de fortes chances que vous envisagiez d'y jouer, vous aussi, pas par conformisme mais par **besoin d'appartenance**. Nous sommes influençables, après tout. *Rhinocéros* met en scène la rapidité avec laquelle une idéologie peut se répandre et tout emporter sur son passage.
L'absurde ici sert donc un message plus profond.

PLAN DE COMMENTAIRE

Aujourd'hui, maman est morte. Ou peut-être hier, je ne sais pas. J'ai reçu un télégramme de l'asile : « Mère décédée. Enterrement demain. Sentiments distingués. » Cela ne veut rien dire. C'était peut-être hier.

L'asile de vieillards est à Marengo, à quatre-vingts kilomètres d'Alger. Je prendrai l'autobus à deux heures et j'arriverai dans l'après-midi. Ainsi, je pourrai veiller et je rentrerai demain soir. J'ai demandé deux jours de congé à mon patron et il ne pouvait pas me les refuser avec une excuse pareille. Mais il n'avait pas l'air content. Je lui ai même dit : « Ce n'est pas de ma faute. » Il n'a pas répondu. J'ai pensé alors que je n'aurais pas dû lui dire cela. En somme, je n'avais pas à m'excuser. C'était plutôt à lui de me présenter ses condoléances. Mais il le fera sans doute après-demain, quand il me verra en deuil. Pour le moment, c'est un peu comme si maman n'était pas morte. Après l'enterrement, au contraire, ce sera une affaire classée et tout aura revêtu une allure plus officielle.

J'ai pris l'autobus à deux heures. Il faisait très chaud. J'ai mangé au restaurant, chez Céleste, comme d'habitude. Ils avaient tous beaucoup de peine pour moi et Céleste m'a dit : « On n'a qu'une mère. » Quand je suis parti, ils m'ont accompagné à la porte. J'étais un peu étourdi parce qu'il a fallu que je monte chez Emmanuel pour lui emprunter une cravate noire et un brassard. Il a perdu son oncle, il y a quelques mois. J'ai couru pour ne pas manquer le départ. Cette hâte, cette course, c'est à cause de tout cela sans doute, ajouté aux cahots, à l'odeur d'essence, à la réverbération de la route et du ciel, que je me suis assoupi. J'ai dormi pendant presque tout le trajet. Et quand je me suis réveillé, j'étais tassé contre un militaire qui m'a souri et qui m'a demandé si je venais de loin. J'ai dit « oui » pour n'avoir plus à parler.

L'Étranger, Albert Camus (1942)

Problématique :

COMMENT L'INCIPIT DE *L'ÉTRANGER* RÉVÈLE-T-IL UN DÉCALAGE ENTRE LE CONTENU DRAMATIQUE DE LA SITUATION ET L'ABSENCE D'ÉMOTIONS DANS LE TEXTE ?

I. Tout d'abord, la situation initiale du roman s'annonce terrible.

- **A.** La mort d'une mère devrait être vue comme un événement tragique, au lieu de cela, elle est annoncée sur un ton très neutre.
- **B.** Au premier contact avec Meursault, le lecteur imagine d'abord un narrateur sous le choc de la nouvelle (d'où son incompréhension face à l'absence d'émotions du personnage).

II. Contrairement aux attentes du lecteur, le narrateur raconte cet événement avec un détachement déconcertant.

- **A.** Malgré une narration personnelle, le style est neutre et objectif, sans la moindre trace de subjectivité.
- **B.** L'annonce est suivie d'un formalisme sans émotion : aucun détail, aucune description n'est là pour susciter l'émotion chez le lecteur.

III. Pour finir, ce décalage révèle l'absurdité d'une situation finalement ordinaire.

- **A.** Ce texte montre la réaction logique face à une nouvelle que nous connaissons déjà : nous allons tous mourir.
- **B.** Le rapport au monde désintéressé du narrateur traduit son désarroi face à l'absurdité.

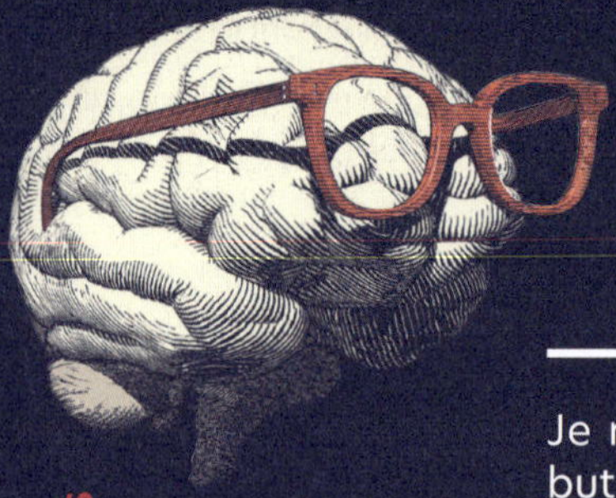

POINT MÉTHODE
ÉLABORATION DE LA PROBLÉMATIQUE

Je rappelle que le commentaire composé a pour but de vous mettre face à un texte que vous n'avez jamais eu sous les yeux ! Cet exercice évalue votre capacité à l'analyser et à l'interpréter. Et pour que l'interprétation tienne la route, il va vous falloir un bon fil conducteur. Ce fil conducteur, c'est la problématique et le plan qui en découle. Vous devez les avoir en tête jusqu'à la dernière ligne.
Ne lésinez donc pas sur le temps que vous passerez au brouillon, c'est normal d'y consacrer au moins une heure. Alors comment élaborer une bonne problématique et éviter le hors-sujet ?

À NE PAS FAIRE

1. Je lis le texte.
2. Je me demande ce qu'il veut dire.
3. J'invente une problématique.
4. Je construis un plan qui réponde à la question de problématique.

Ça me mène à une problématique trop superficielle, ou pire, hors-sujet : comment l'auteur raconte-t-il la mort de la mère du personnage principal ?

À FAIRE
N'envisagez la problématique qu'après avoir construit votre plan. Considérez les grandes parties seulement, et repérez les mots-clés, puis reprenez-les dans la problématique.

I. Tout d'abord, la situation initiale du roman s'annonce terrible.

II. Contrairement aux attentes du lecteur, le narrateur raconte cet événement avec un détachement déconcertant.

III. Pour finir, ce décalage révèle l'absurdité d'une situation finalement ordinaire.

Problématique : Comment l'incipit de *L'Étranger* révèle-t-il un décalage entre le contenu dramatique de la situation et l'absence d'émotions dans le texte ?

Pour la petite astuce, commencez votre problématique de commentaire par « comment l'auteur » ou « comment cet extrait », afin de montrer votre intention de mettre l'accent sur la démarche de l'auteur.

PONGE

ET LE LANGAGE

LE LANGAGE, QU'EST-CE QUE C'EST ?

Vous est-il déjà arrivé de ressentir beaucoup d'émotions, tout en étant incapable de mettre des mots dessus ? Dans ce chapitre, nous allons parler des mots, du pouvoir des mots, de leurs limites aussi. Vous êtes-vous déjà demandé à quoi servent les mots ? Ils désignent des objets, des actions, des concepts, des émotions, et appartiennent à un ensemble plus complexe – le langage.

> « Les limites de mon langage signifient les limites de mon propre monde. »
> Ludwig Wittgenstein, 1918

En tant qu'êtres humains, nous sommes profondément **dépendants du langage**. En effet, chacun de nous a un point de vue unique sur le monde, et le langage est un moyen de le partager ; les mots permettent d'exprimer ce qui se passe dans notre tête. Par exemple, si je dis : « je me sens triste », c'est grâce au langage que je peux communiquer mon état émotionnel et partager mon expérience avec vous. Dans la manière dont j'exprime cette émotion, je dépends des **mots disponibles dans la langue française**. Si le mot *triste* n'existait pas, je choisirais parmi d'autres termes tels que *malheureuse*, ***mélancolique***, ou *abattue*. En fin de compte, la façon dont je m'exprime est fondamentalement déterminée par le langage.

ET À L'ÉPOQUE ?

Au XIXe siècle, les poètes comme Lamartine, Hugo ou Musset utilisaient le langage pour exprimer leurs amours, leurs tristesses, leurs joies dans la poésie lyrique. Maître de son langage, le poète jouait avec les mots, il se sentait capable d'exploiter le langage de manière libre.

« Le langage reproduit le monde, mais en le soumettant à son organisation propre. »
Benveniste, *Problèmes de linguistique générale*

Au XXe siècle, les poètes comme Guillaume Apollinaire ou Francis Ponge changent leur façon de voir le langage : ils comprennent que celui-ci n'est pas un instrument qu'on peut manipuler comme on le veut. Comme je vous le disais, c'est un système de signes qui a ses propres règles (les mots disponibles dans la langue, par exemple), auxquelles doivent se plier les poètes. Ils ne peuvent donc pas exprimer leurs émotions de manière parfaitement libre ! Ils entament alors une **exploration du langage** lui-même : ils s'y intéressent de très près. Ils utilisent le langage de manière expérimentale et créent ainsi de nouvelles formes de poésie.

FRANCIS PONGE (1899-1988)

« À propos de n'importe quoi, même d'un objet familier depuis des millénaires à l'homme, il reste beaucoup de choses à dire. Et il y a intérêt à ce qu'elles soient dites. »
Ponge, *La Rage de l'expression*

Francis Ponge se distingue nettement de la figure du poète sacralisé, incarnée par Victor Hugo et Charles Baudelaire. Son constat de départ est simple : nous ne portons pas suffisamment d'attention aux objets et à la nature qui nous entourent, nous avons perdu de vue leur beauté et leur complexité. Pour Ponge, la réalité est déjà poétique, elle n'a pas besoin du poète pour le devenir. Le rôle du poète serait donc de révéler cette dimension poétique présente dans le monde.

Victor Hugo

« Un monde nouveau où les hommes, à la fois, et les choses connaîtront des rapports harmonieux : voilà mon but poétique et politique. »

Il veut nous faire redécouvrir le monde qui nous entoure, et nous rendre attentifs à la beauté des choses simples. À cet effet, dans son recueil *Le Parti pris des choses* (1942), Ponge s'intéresse aux objets du quotidien, comme une orange, de la mousse, du pain. Il en décrit les moindres détails, en révèle la complexité.

Charles Baudelaire

La Rage de l'expression

« Pourquoi on nous fait lire ça, sérieusement ? »

MON AVIS

FACILITÉ DE LECTURE : ★☆☆☆☆
On n'est pas dans une histoire avec un début, un milieu et une fin. Le manque d'intrigue, de fil rouge rend la lecture peu motivante, en plus du vocabulaire auquel vous n'avez pas l'habitude d'être confrontés.

INTÉRÊT DU FOND : ★☆☆☆☆
Le constat de Ponge était définitivement vrai : nous ne nous intéressons pas aux objets décrits, ni au XXe siècle ni aujourd'hui. En tout cas, je doute que cela éveille un quelconque intérêt pour une fleur, une abeille, ou autre…

INTÉRÊT DE LA FORME : ★★★★★
Tout l'intérêt de ce recueil réside dans la forme ! C'est là qu'il prend tout son sens. Si vous comprenez la réflexion de Ponge sur le langage, vous verrez le livre différemment.

Soyons honnêtes, aller au bout de cette lecture vous demandera un gros effort. C'est sans doute la raison pour laquelle très peu de professeurs choisissent d'étudier cette œuvre : la rendre intéressante sera un sacré défi. Vous êtes peut-être comme moi, c'est-à-dire peu sensible à la poésie. Alors en ce qui me concerne, je savais que je ne serais pas touchée par le message de l'auteur (redécouvrir la beauté d'un objet quotidien), mais comme j'ai compris sa démarche, c'est vraiment devenu mon œuvre préférée au programme cette année.

LA RAGE DE L'EXPRESSION, PRÉSENTATION DE L'ŒUVRE

Publié en 1952, cet ouvrage reflète la démarche singulière de Francis Ponge et son rejet des conventions poétiques traditionnelles.

> « Que dit le Littré de l'oiseau ? [...] Tant pis. Allons-y voir. Un effort. Je me lève de mon fauteuil. »

Plus qu'un recueil de poésies comme vous avez l'habitude d'en voir, l'ouvrage se présente comme un **journal de création** ; l'auteur parle de « cahiers d'observations ». Le lecteur a accès aux réflexions d'un écrivain en pleine action. Quand je dis *en pleine action*, il faut comprendre qu'on voit ses réflexions alors qu'il est en train d'écrire, de créer.
L'ouvrage se compose de sept parties, chacune étant une méditation profonde sur un objet particulier, à savoir une guêpe, un oiseau, un œillet... Ponge utilise un vocabulaire très précis et des descriptions détaillées pour présenter ces êtres vivants. Mais ce n'est pas tout : il en décrit l'apparence, oui, mais il explore également les significations symboliques et philosophiques cachées derrière ces éléments du quotidien.

UN POÈTE ?

> « Nous sommes autre chose qu'un poète et nous avons autre chose à dire. »

Comprenez bien, et dès maintenant, qu'il faut remettre en question la place de *La Rage de l'expression* dans l'objet d'étude Poésie. Évidemment, il n'y avait pas d'autre cadre pour étudier cet ouvrage, mais Francis Ponge refuse de se donner le statut de poète.
Quelle image avez-vous des poètes ? Moi, par exemple, je pense à un être sensible, amoureux, nostalgique, mélancolique aussi parfois ; un être qui

étale ses émotions, qui se met à nu dans son poème ; et aussi – allez, disons-le – un être égocentrique qui se met systématiquement en avant.

« Dans mon esprit, il ne s'y agit pas du tout de la naissance d'un poème mais plutôt d'un effort contre la "poésie". [...] Mon affaire est plus scientifique que poétique. »

Ponge se détache des poètes qui expriment des sentiments personnels et intimes, et met au centre de ses préoccupations l'objet qu'il étudie. Il se perçoit plutôt comme un **scientifique méticuleux**. Il voit chaque objet comme un authentique « objet d'étude », le scrute, l'observe de tous les côtés, comme s'il le voyait pour la première fois. C'est la recherche de l'objectivité scientifique.

LE LANGAGE DANS LA CRÉATION POÉTIQUE

« Que mon travail soit celui d'une rectification continuelle de mon expression en faveur de l'objet brut. »

Dans cette recherche d'objectivité, Ponge compte sur les mots, mais se heurte à un constat terrible : les mots ne sont pas suffisants pour réussir à exprimer l'essence de chaque objet. Le langage ne suffira pas pour exprimer l'objet tel qu'il est réellement.
Alors pour chaque objet d'étude, il ouvre un nouveau cahier, et se demande : quelle serait la meilleure manière d'exprimer cet objet ? Aussi, il se corrige systématiquement, propose plusieurs variantes d'un « poème » avant d'arriver à la forme voulue, comme s'il écrivait d'abord au brouillon.

« Le poète [...] dissocie les qualités de l'objet puis les recompose, comme le peintre dissocie les couleurs, la lumière et les recompose dans sa toile. »

Pour Ponge, la poésie est aussi un travail d'artisanat, de précision et de minutie. Il ne faut pas se précipiter. Le poète est un **artisan du langage** qui s'efforce de créer une œuvre authentique mais fidèle à la réalité. Dans son atelier, le peintre crée et réfléchit. C'est un lieu où l'artiste peut se concentrer sur son travail et le perfectionner. Le poète, d'après Ponge, doit lui aussi être prêt à modifier son travail pour le rendre plus exact. Le titre du parcours associé à *La Rage de l'expression* (« Dans l'atelier du poète ») prend tout son sens une fois que vous avez compris cela.

« Le mot OISEAU : il contient toutes les voyelles. Très bien, j'approuve. Mais, à la place de l'S, comme seule consonne, j'aurais préféré l'L de l'aile : OILEAU, ou le V du bréchet, le V des ailes déployées, le V d'avis : OIVEAU. »

Ponge réfléchit les mots *en fonction* de la réalité. Au lieu de les considérer comme de simples étiquettes linguistiques, Ponge les imagine changer pour mieux correspondre aux caractéristiques de l'objet. Ainsi, la modification qu'il propose pour *oiseau* montre son désir de rendre le mot plus fidèle à l'image visuelle de l'animal. Cette conscience des limites linguistiques contribue à la complexité du recueil.

POURQUOI CE TITRE ?

« Pour moi c'est un besoin, un engagement, une colère, une affaire d'amour-propre et voilà tout. »

Dans le titre *La Rage de l'expression*, ne comprenez pas *rage* dans le sens de colère ou de violence, mais plutôt dans celui d'une détermination ardente de la part du poète. Le titre suggère donc l'engagement passionné de Francis Ponge dans le processus *d'exprimer* ses pensées et ses observations à travers les mots.

UN AUTEUR EN LIEN : ANDRÉ BRETON

Poète et écrivain, André Breton (1896-1966) s'affirme comme la figure majeure du surréalisme. Qu'est-ce que le surréalisme ? Après la Première Guerre mondiale, les écrivains sont dans la **révolte**. Les surréalistes veulent rompre avec tout ce qui se faisait avant, ce qu'on appelle les codes traditionnels de la littérature.

Les surréalistes croient que l'esprit humain est capable d'une puissance créative incroyable, mais qu'elle est étouffée par des règles, les règles de la société, de la logique et du langage. Alors ils confisquent au poète sa position d'autorité sur les mots et les images, et ont recours à de nouveaux procédés d'écriture pour réussir à explorer, dans leur inconscient, cette créativité enfouie au fond d'eux.

Breton explore de nombreuses techniques pour libérer le langage, dont **l'écriture automatique** : l'écrivain laisse son crayon suivre son inspiration, sans se soucier de la logique ou de la cohérence. Il laisse son esprit s'exprimer librement sans réfléchir.

Dans votre tête, les idées vont et viennent sans ponctuation, souvent par logique d'association. Parfois, vous perdez même le fil d'une pensée, rapidement remplacée par une autre. Vous êtes d'accord avec ça ?

Eh bien, Breton nous dit que nous devrions également écrire comme ça nous vient. C'est le langage qui nous bride, qui nous impose des règles de ponctuation, des règles de syntaxe, des règles d'orthographe, qui nous obligent à changer notre pensée telle qu'elle était à l'état brut. Pour Breton, le langage doit au contraire permettre de donner forme aux pensées et aux sentiments refoulés. Il utilise le langage de manière libre et spontanée.

Dans son recueil *Proêmes* de 1948, Francis Ponge écrit :

« Je propose à chacun l'ouverture des trappes intérieures, un voyage dans l'épaisseur des choses ».

En quoi cette citation éclaire-t-elle votre lecture de *La Rage de l'expression* ?

Je reformule : En quoi la démarche de Francis Ponge consiste-t-elle à explorer le monde de manière à le voir sous un nouveau jour ?

I. Tout d'abord, Francis Ponge fait une description minutieuse des objets du quotidien.

A. L'écrivain se met dans la position de l'observateur, du scientifique étudiant un objet attentivement, ne négligeant aucun détail.

B. Ce qui ressort de cette observation est une description détaillée et nuancée de l'objet : il s'intéresse à ses propriétés physiques, à son histoire, à sa fonction.

II. Au-delà de la description, l'écrivain se donne pour mission d'exprimer les objets étudiés de la meilleure manière.

A. Ponge se rend compte que sa capacité à exprimer l'essence de l'objet est limitée par les choix linguistiques qui s'offrent à lui.

B. Il livre alors toute sa réflexion sur l'objet, une réflexion qui évolue, refusant d'être figée et soumise à quelques mots seulement.

III. Finalement, Francis Ponge nous invite à réfléchir différemment, à changer notre perception du monde.

A. Ponge veut donc changer notre perception habituelle du monde pour redécouvrir sa beauté et sa complexité oubliées.

B. Il nous donne des clés pour mieux comprendre le monde qui nous entoure, car son but est que nous puissions renouer le lien qui nous unit à lui.

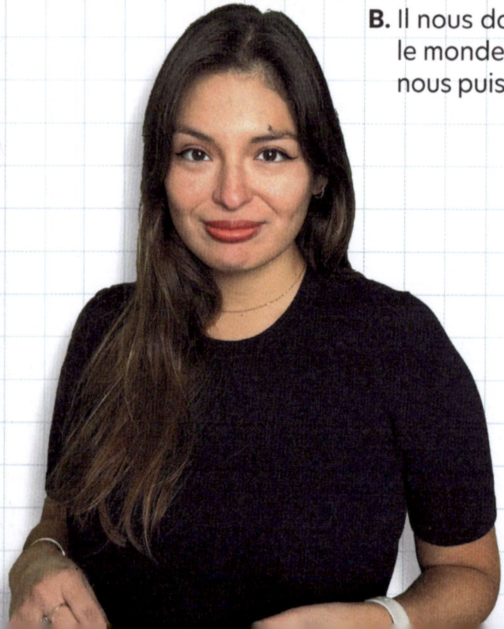

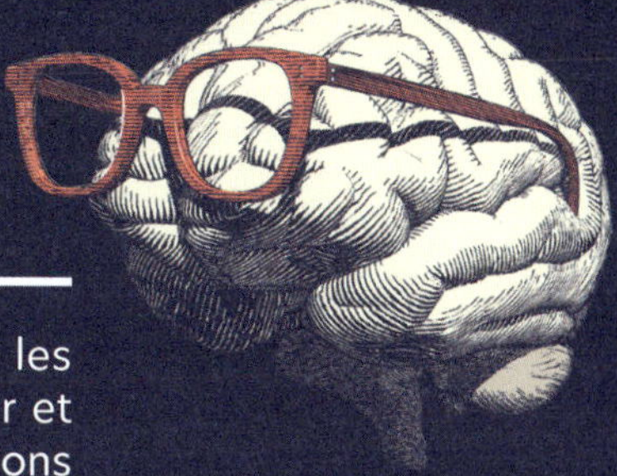

POINT MÉTHODE
LE CHOIX DES CITATIONS

Vous me demandez souvent comment choisir les citations que vous devez apprendre par cœur et insérer dans la dissertation ou l'essai. Ces citations servent à étayer, illustrer et renforcer vos arguments tout en montrant que vous maîtrisez les œuvres de référence.

La bonne nouvelle, c'est qu'on attend toujours la même chose de votre part. En dissertation, on ne vous demande pas votre avis. Dans l'essai, oui, mais comme dans la dissertation, ce ne sont pas vos opinions qui vous feront gagner des points. Vous êtes censés avoir le cours en tête, et être capables d'en ressortir les éléments importants. C'est ce qu'on devra retrouver dans votre rédaction. Alors vu que vous savez déjà de quoi vous allez parler à l'écrit, vous pouvez anticiper les citations que vous apprendrez.

- Les citations doivent s'intégrer naturellement dans le fil de votre argumentation. Choisissez une citation par point que vous allez développer.
- Assurez-vous de bien comprendre le contexte de chaque citation que vous choisissez. Expliquez brièvement ce que l'auteur exprime et comment cela se rapporte à votre argumentation.
- Privilégiez des citations courtes, claires et percutantes. Ce sera plus facile à retenir ! De plus, les extraits trop longs pourraient alourdir votre rédaction. Ce n'est pas le but.
- Piochez dans les seize textes que vous avez étudiés en classe. Si le prof les a choisis, c'est qu'ils sont importants et font partie des moments-clés de l'œuvre.

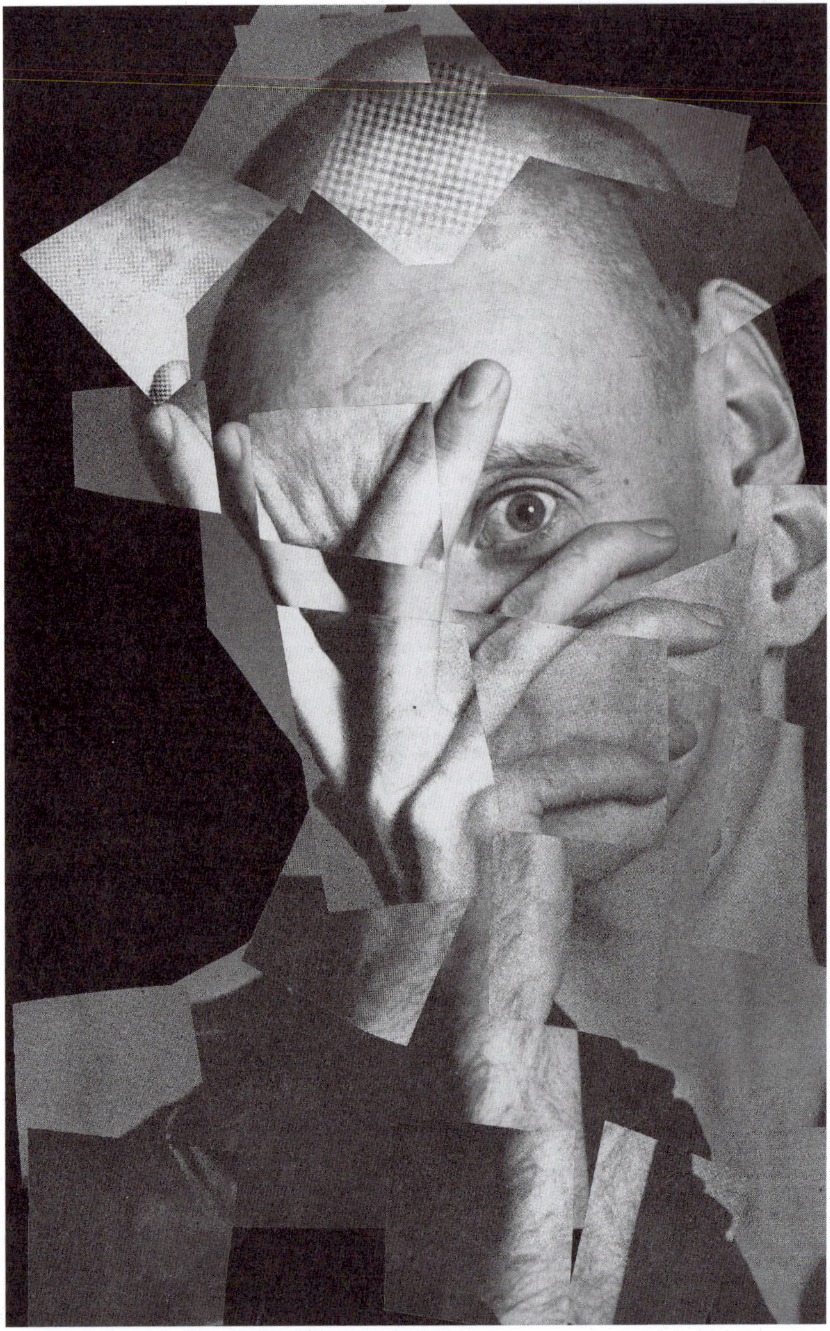

LAGARCE, SARRAUTE
ET LE CONFLIT

LE CONFLIT, QU'EST-CE QUE C'EST ?

> « Il y a trois grands groupes de conflits sur lesquels reposent la plupart des films : l'homme contre l'homme, l'homme contre lui-même, et l'homme contre la nature. »
> Jean-Jacques Annaud

Le conflit, en littérature comme dans la vie, représente un état de tension, de désaccord ou de lutte entre deux ou plusieurs personnes. Certains conflits se veulent flagrants et vont jusqu'à la violence, d'autres restent inexprimés et sous-jacents. Le conflit peut prendre de nombreuses formes :

• **Tension entre des personnages**, par exemple un conflit amoureux, un conflit familial, un conflit social.
→ La série *Malcolm* (2000-2006) met en scène les incessantes disputes qui éclatent entre tous les personnages d'une même famille, avec des personnages, comme la mère ou le fils aîné, plus conflictuels que d'autres, comme le père ou le fils cadet.

• **Tension entre des idées**, par exemple un conflit idéologique, un conflit religieux.
→ La série *Game of Thrones* (2011-2019) donne à voir les guerres déclenchées entre les grandes familles du Royaume des Sept Couronnes : on assiste à de nombreux meurtres, trahisons, mensonges et jeux de pouvoir.

- **Tension entre un personnage et le monde qui l'entoure**, par exemple un conflit intérieur, un conflit avec la société.

  → La série *Thirteen Reasons Why* (2017-2020), produite par Selena Gomez, s'articule autour du personnage de Hannah, une lycéenne qui apprend les raisons de son suicide à son entourage : elle n'arrivait plus à vivre dans un monde qui avait été si cruel avec elle.

ET À L'ÉPOQUE ?

Au XXe siècle, le conflit est un thème récurrent dans la littérature. Cela s'explique par plusieurs facteurs, notamment les bouleversements politiques et sociaux de l'époque, tels que les guerres ou les révolutions sociales. Ces événements créent un climat de tension qui se reflète dans la littérature. Les écrivains, et plus particulièrement les dramaturges, explorent le conflit pour examiner les relations humaines : c'est l'occasion d'étudier des dialogues où certains prennent toute la place, et où d'autres s'effacent.

JEAN-LUC LAGARCE (1957-1995)

Très tôt passionné de théâtre, Lagarce fonde le Théâtre de la Roulotte en 1977, puis s'installe à Paris à la fin des années 1980. Ses mises en scène de pièces classiques rencontrent un grand succès, finançant ainsi ses propres créations. L'homosexualité revient souvent dans l'œuvre de Lagarce. Lui-même a vécu la sienne dans un contexte social et familial hostile. Atteint du sida, il se sait condamné sept ans avant sa mort et oriente son écriture vers les thèmes de l'identité, de la famille et de la mort. On peut donc parler d'une **production autobiographique**.

« Histoire d'un jeune homme, d'un homme jeune encore, d'un homme jeune à l'heure de mourir, qui décide de revenir sur ses traces, revoir sa famille, retraverser son Monde, à l'heure de mourir. »
Lagarce, *Le Pays lointain*

Les pièces de Lagarce se caractérisent par une atmosphère d'intimité oppressante. Ses personnages sont souvent en quête d'identité, de leur place dans le monde. Ils se questionnent sur leur origine, leur sexualité, leur rôle social, leur place dans une famille conflictuelle. Lagarce montre que la famille peut être le lieu de la discorde.

Juste la fin du monde

« Tout ça pour ça ?? »

MON AVIS

FACILITÉ DE LECTURE : ★★★★½
Aucun mot de vocabulaire inconnu, aucune tournure de phrase trop compliquée, beaucoup de répétitions au cas où vous auriez eu un moment d'absence pendant la lecture… Si je n'ai pas mis 5 étoiles, c'est parce que parfois c'est trop long.

INTÉRÊT DU FOND : ★★☆☆☆
L'histoire, le récit, ce n'est absolument pas ce qui nous intéresse. On n'aura pas grand-chose à dire là-dessus, vu que l'action stagne. Mais en termes d'analyse psychologique des personnages, c'est assez troublant. Qu'est-ce que j'ai pu détester le personnage de Louis… !

INTÉRÊT DE LA FORME : ★★★★☆
C'est la façon dont la pièce est écrite qui est intéressante car elle révèle les conflits tus pendant des années.

Je vous l'accorde, la lecture de *Juste la fin du monde* est un peu pénible à cause du rythme de la pièce : elle n'avance pas. On a l'impression de faire du sur-place. La meilleure chose à faire reste de regarder la pièce, et même le film de Xavier Dolan d'ailleurs (2016) ! Mais attention, ne pensez pas être en train de regarder un film 100 % fidèle à la pièce, il y a quelques **différences par rapport au texte de Lagarce**.

JUSTE LA FIN DU MONDE, PRÉSENTATION DE L'ŒUVRE

Dès sa sortie en 1990, la pièce *Juste la fin du monde* remporte le prix Léonard-de-Vinci. La critique salue ce qui restera la pièce majeure de Jean-Luc Lagarce. Celle-ci met en scène le retour de Louis dans sa famille après une longue absence. La raison de ce retour : annoncer sa mort prochaine. On ne nous dira jamais à quoi sera due cette mort, mais on *imagine* que c'est la maladie qui l'emportera. (Évitez donc *d'affirmer* qu'il est malade !)

> « LOUIS. – Ils renoncèrent à moi, tous, d'une certaine manière, après avoir tant cherché à me garder auprès d'eux. »

Louis connaît la tradition dans sa famille : se réunir dans la maison familiale pour déjeuner le dimanche après-midi. Sans prévenir qui que ce soit, il décide d'y faire une apparition et retrouve sa mère, sa sœur Suzanne, et son frère Antoine. Il y rencontre également la femme de son frère, Catherine.
Au lieu de retrouvailles chaleureuses, le spectateur assiste à un règlement de comptes : sans autre information, il apprend que Louis a quitté le domicile familial et n'a depuis jamais donné de nouvelles. Le premier enfant de son frère a huit ans, il est le fruit d'une union à laquelle Louis n'a même pas assisté. Au début, tout le monde essaie de se plier aux conventions sociales, mais peu à peu, les retrouvailles révèlent des tensions, des non-dits et des émotions refoulées. On comprend que les reproches faits à Louis ne portent pas fondamentalement sur son départ, mais qu'il y aurait des malaises plus profonds qui pèsent sur la famille depuis longtemps. Le conflit date de bien avant, mais avait été passé sous silence. Au milieu des altercations, Louis ne trouve pas le moyen d'annoncer la nouvelle, et part sans l'avoir communiquée.

LE CONFLIT INDIVIDUEL *VS* FAMILIAL

Cette pièce de Lagarce nous permet d'envisager les conflits sous différentes formes.

« ANTOINE. – [On] ne me donna plus rien, et j'étais là, couvert de bonté sans intérêt à ne jamais devoir me plaindre, à sourire, à jouer, à être satisfait, comblé. »

• Le conflit interne, invisible, qui a lieu *dans* l'esprit d'un personnage

Juste la fin du monde met en lumière les luttes psychologiques et émotionnelles présentes chez les membres de cette famille. Tous souffrent d'un mal-être profond : Louis semble avoir fait une belle carrière dans les lettres (ce n'est que sous-entendu !), mais est décrit par son frère comme un homme irrémissiblement malheureux ; Antoine étouffe beaucoup de colère, car il se sent mal-aimé depuis toujours alors qu'il s'est montré loyal envers les siens ; Suzanne a été abandonnée par son frère alors qu'elle n'était qu'une enfant, donc elle éprouve un sentiment de solitude majeur.

« SUZANNE. – Tu ne te rends même pas compte, tu es désagréable, c'est invraisemblable, tu ne t'entends pas. »

• Le conflit externe, visible, qui a lieu *entre* deux ou plusieurs personnes

Les relations familiales sont au cœur du conflit dans la pièce. Les personnages font partie d'une famille qui dysfonctionne, dont les membres s'attaquent verbalement et presque physiquement.

Pensez à vos repas de famille. Vous ferez peut-être le même constat que moi. Quand deux personnes d'une même famille sont en conflit, il y a deux réactions possibles : d'un côté, ceux qui disent franchement ce qui les a dérangés, car après tout, *si ce n'est pas moi qui lui fais la remarque, qui le fera ? La famille est là pour ça !* De l'autre côté, ceux qui préfèrent cacher leur frustration car, de toute façon, *on est bien obligés de se supporter, c'est la famille, et on ne choisit pas sa famille*. Il y a donc ceux qui s'expriment et ceux qui se taisent.

La crise personnelle est intimement liée à la crise familiale : nous nous construisons tous dans un cadre familial, les membres de la famille sont les premières personnes avec qui nous interagissons. La relation que l'on construit avec sa famille s'avère donc déterminante dans notre développement personnel. Certains d'entre nous manquent de confiance en eux parce qu'ils ont été souvent comparés à un frère ou une sœur, d'autres ont peur de l'abandon parce qu'un des deux parents a refait sa vie en dehors du cocon familial… La famille laisse des traces indélébiles sur nous en tant qu'individus. Elle peut donc être à l'origine de nos troubles internes.

L'inverse est vrai aussi ! Notre mal-être intérieur peut provoquer des conflits. En l'occurrence, Antoine sème la discorde par son attitude agressive. Son problème personnel s'invite dans la conversation et fait exploser les derniers instants passés en présence de Louis.

LE CONFLIT COMMUNICATIONNEL

« ANTOINE. – Je disais seulement, je voulais seulement dire et ce n'était pas en pensant mal, je disais seulement, je voulais seulement dire...
LOUIS. – Ne pleure pas.
ANTOINE. – Tu me touches : je te tue. »

Il reste enfin un dernier conflit, **le conflit linguistique et communicationnel.**

> N'avez-vous jamais remarqué que, bien souvent, la seule chose qui peut résoudre un problème, c'est d'en parler ? Que si, dès le départ on avait crevé l'abcès, les conflits auraient pu être évités ?

Les mots peuvent blesser, mais ils peuvent aussi guérir. C'est à nous de choisir comment les utiliser.
Dans la pièce *Juste la fin du monde*, la **difficulté de la communication** s'impose comme un élément central, au cœur de toutes les disputes. En effet, les malentendus, les non-dits, et les barrières linguistiques sont représentés comme des sources de conflit profond, *entre* les personnages mais aussi *en* eux.
Autour de nous, nombreux sont ceux qui consultent un psychologue pour parler de leurs troubles internes. On entend souvent qu'exprimer son mal-être est la première étape vers la guérison. Or, ici, ni Louis, ni Suzanne, ni Antoine n'ont jamais dit ce qu'ils ressentaient. Chacun traverse sa crise de son côté.
Et cette aphasie (c'est-à-dire, l'incapacité à communiquer) se ressent également dans la relation qu'ils entretiennent les uns avec les autres : ils osent à peine se parler. Quand les reproches leur explosent enfin à la figure, c'est parce qu'ils se sont trop longtemps tus à propos de leur rancœur, leur frustration, leur colère. Pour couronner le tout,

l'action reposait sur une seule chose : Louis était là pour *annoncer* sa mort, *parler*, donc. Communiquer. Il part sur un échec.

Pour conclure, il faut se rendre compte que **c'est aussi et avant tout cette crise du langage qui rend les relations entre les personnages aussi difficiles**. Elle empêche Louis de dire à sa famille qu'il va mourir, et empêche les autres personnages de se comprendre et de se rapprocher.

LE STYLE DE LAGARCE

Pour illustrer le contexte de crise, Lagarce a recours à un nouveau langage théâtral.

> « CATHERINE. – Il croit probablement que ce qu'il fait n'est pas intéressant ou susceptible, le mot exact, ou susceptible de vous intéresser. Et ce n'est pas être méchante (méchant, peut-être ?) et ce n'est pas être méchant, oui, que de penser qu'il n'a pas totalement tort, vous ne croyez pas ? »

Son style se caractérise par un retour constant sur la parole, avec une continuelle recherche du mot juste. Lagarce utilise des répétitions, des retours en arrière, des épanorthoses et une ponctuation spécifique pour exprimer la complexité des relations humaines. Incapables de communiquer de manière claire et concise, les personnages utilisent des mots et des expressions vagues, à cause desquels ils ne parviennent pas à se comprendre.

Lagarce explore la **complexité des relations familiales** grâce au langage, en utilisant une parole sinueuse. La pièce propose ainsi une réflexion sur l'incertitude et la difficulté de communiquer.

NATHALIE SARRAUTE (1900-1999)

Nathalie Sarraute commence à écrire dans les années 1930, mais c'est avec la publication de *Tropismes* en 1939 qu'elle marque la littérature du XXe siècle : elle rejette le schéma narratif tel qu'on le connaissait jusqu'alors (une histoire progressive avec un début, un milieu et une fin), et s'intéresse aux mouvements intérieurs de la pensée. C'est la naissance du Nouveau Roman.

« ELLE, affolée. – Ah non, arrête, attention… ne recommence pas… pas ces mots… si convenus… sclérosants… emphatiques… »
Sarraute, *C'est beau*

Même si elle se fait connaître principalement en tant que romancière, Sarraute a également laissé sa marque dans le genre théâtral. C'est d'ailleurs assez tardivement qu'elle devient dramaturge. Elle écrit six pièces de théâtre, dans lesquelles elle souhaite explorer les relations humaines et l'impact du langage sur celles-ci.

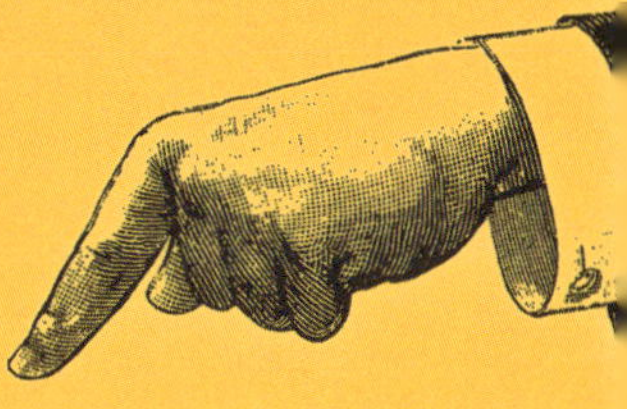

Pour un oui ou pour un non

« Facile à lire mais j'ai déjà oublié l'histoire... »

MON AVIS

FACILITÉ DE LECTURE : ★★★★★

Dans mon édition, l'action tient en 25 pages ! Je crois que j'ai lu la pièce en 30 minutes à peine. Trente minutes d'une dispute comme on en voit tous les jours. Il n'y a pas plus simple.

INTÉRÊT DU FOND : ★★★☆☆

La dispute entre les deux amis n'est clairement pas l'objet de l'étude que vous verrez en classe. Ce n'est que lorsque vous y verrez n'importe quel couple d'amis que vous comprendrez la portée universelle de la dispute.

INTÉRÊT DE LA FORME : ★★★★☆

Vous verrez, c'est le style, la ponctuation, le rythme, qui rendent la pièce intéressante à travailler.

Si votre prof a choisi *Pour un oui ou pour un non*, c'est qu'il ou elle a une idée derrière la tête. La lecture seule de l'œuvre ne suffira pas, vous allez devoir prêter attention au cours, aux explications. Il existe un film de moins d'une heure réalisé par Jacques Doillon, si vous préférez voir la pièce avec la bonne intonation. Cela peut s'avérer utile.

POUR UN OUI OU POUR UN NON, PRÉSENTATION DE L'ŒUVRE

Pour un oui ou pour un non, publiée en 1982, est l'une des pièces les plus connues de Nathalie Sarraute. Celle-ci met en scène un dialogue tendu entre deux amis proches, H.1 et H.2, dont la relation est mise à l'épreuve par une simple remarque anodine.

« H.2. – Tu ne comprendras jamais...
Personne, du reste, ne pourra comprendre... »

Vous est-il déjà arrivé d'avoir mal compris les paroles d'une personne, d'avoir surinterprété ses propos, ou d'avoir cru voir une intention malveillante dans la manière dont elle s'est adressée à vous ? C'est la situation dans laquelle se trouvent nos deux protagonistes. C'est une pièce ridiculement banale qui, parce qu'elle est écrite, semble sans importance. Mais pensez aux fois où cela vous est arrivé : avez-vous trouvé insignifiant le moment vécu ? Lorsqu'on est dans la situation, on se sent bête ou incompris, parfois les deux ; et cela peut aller très loin.

Au fur et à mesure que la pièce progresse, l'hostilité entre H.1 et H.2 devient de plus en plus palpable. Les mots anodins se chargent de sous-entendus, et la scène devient le théâtre de la fin d'une amitié.

UN CONFLIT COMMUNICATIONNEL ?

Au début, H.2 refuse d'admettre l'existence d'un problème entre lui et H.1, mais à force d'insister, H.1 obtient une réponse : H.2 aurait très mal vécu la réaction de H.1 après lui avoir fait part d'une réussite (on ne saura jamais vraiment laquelle).

> « H.2. – Tu m'as dit : "C'est bien... ça..."
> Juste avec ce suspens... cet accent..."
> [...]
> H.1. – Alors je t'aurais dit : "C'est bien ça" ?
> H.2. soupire – Pas tout à fait ainsi... il y avait entre "c'est bien" et "ça" un intervalle plus grand : "c'est biiien... ça..." Un accent mis sur "bien"... un étirement : "biiien..." et un suspens avant que "ça" arrive... ce n'est pas sans importance. »

La dramaturge explore les différentes raisons possibles de cette altercation. Il semble toujours y en avoir une plus profonde. D'abord, on dirait bien que ce sont les mots employés par H.1 qui font naître chez H.2 une terrible frustration. Mais rapidement, on comprend que ça relève davantage de l'intonation. C'est dans la manière dont il prononce ces paroles que cela pose problème. En ce sens, **la pièce se déroule autour de ce qui est dit, mais surtout de ce qui n'est *pas* dit.** Elle accuse les subtilités du langage non verbal et des non-dits, qui peuvent gâcher les liens entre les individus.

UN CONFLIT SOCIAL ?

> « H.2. – Entre nous, il n'y a pas de conciliation possible. Pas de rémission... C'est un combat sans merci. Une lutte à mort. »

D'abord, la pièce met en scène des personnages prisonniers de leurs conventions sociales, incapables de communiquer de manière authentique, même entre amis. H.2 ne se résout à parler que parce que H.1 se montre insistant. À force de creuser, les deux

hommes se rendent compte du problème, qui est là depuis toujours. Les deux amis appartiennent à deux « camps ennemis qui s'affrontent » : H.2 se sait différent de H.1, qui semble mieux convenir aux normes sociales. H.2 a une vision du bonheur et de la vie très différente, plus « poétique ». On ne connaît pas son métier, mais il se sent rabaissé au rang des « ratés ». La crise qui traverse la pièce est donc langagière mais aussi sociale.
C'est la raison profonde pour laquelle il se montre susceptible. Il sent de la moquerie, de la suffisance dans les propos de son ami. Les mots ont évidemment leur place dans ce conflit, mais le mal-être est plus profond : il est celui d'un homme qui se croit persécuté, jugé, mal-aimé en raison de sa place dans la société. Cependant, il avait toujours caché ce sentiment d'exclusion, H.1 ne pouvait pas savoir que sa réaction déclencherait la perte de son ami. Ainsi, Sarraute souligne **l'importance des non-dits** dans la compréhension des relations humaines.

LE LANGAGE, UNE SOURCE DE CONFLIT

Au début de la pièce, H.1 voit le langage comme le moyen de résoudre le problème qui le sépare de son ami. Il invite H.2 à formuler son point de souffrance, en espérant l'aider à aller mieux. À ce stade, il croit encore la situation remédiable, il n'a pas conscience du mur qui s'est dressé entre lui et son ami de longue date.
Ainsi, **le langage adopte une fonction de mémoire** : il permet d'abord de faire remonter d'heureux souvenirs de moments partagés ensemble, mais pas seulement. Explorer le passé, c'est aussi se rappeler tous les moments où le malaise s'est manifesté. Alors le dialogue échoue, et finalement, le langage aggrave le conflit. La pièce explore l'incommunicabilité entre les deux personnages. Ils parlent, mais leurs paroles restent pendant de longues minutes superficielles. Ils ne parviennent pas à traiter le désaccord sous-jacent.

Sur Lagarce

DANS *JUSTE LA FIN DU MONDE*, LES PERSONNAGES CHERCHENT-ILS À S'AFFRONTER OU À SE FUIR ?

Je reformule : L'intention des personnages est-elle de provoquer ou d'éviter le conflit dans *Juste la fin du monde* ?

I. En premier lieu, il est vrai que les personnages n'ont d'autre choix que d'affronter les membres de leur famille.

A. Le retour de Louis ne peut être interprété que comme la volonté de se confronter à son passé.

B. Les nombreux reproches que les uns adressent aux autres favorisent l'explosion.

II. Certes, la confrontation est inévitable, mais le comportement des personnages montre qu'ils auraient préféré éviter le conflit.

A. Certains personnages, comme Catherine ou La Mère, tentent d'apaiser les tensions qui éclatent devant leurs yeux.

B. D'autres refusent d'écouter ce qu'on aurait à leur dire. Ils ne veulent ni parler ni écouter les vérités des autres, comme pour se protéger.

III. En réalité, le conflit est indépendant de leur volonté, c'est la crise du langage qui est à l'origine de tous les conflits.

A. Les personnages sont aphasiques, incapables de se parler, de s'avouer leurs sentiments.

B. La communication devient si compliquée que Louis part sans être parvenu à annoncer sa mort prochaine.

Sur Sarraute

À propos du théâtre de Nathalie Sarraute, Jacques Lassalle affirme que c'est

« UN THÉÂTRE OÙ IL N'Y PAS D'ACTION AUTRE QUE VERBALE ».

Cette citation est-elle selon vous représentative du théâtre sarrautien dans sa pièce *Pour un oui ou pour un non* ?

Je reformule : L'action ne tient-elle que dans le langage dans le théâtre de Nathalie Sarraute ?

I. D'un côté, il est certain que le langage constitue le principal moteur de l'action.

A. Le langage fait ressurgir les souvenirs partagés, instaurant une temporalité cruciale à l'action.

B. Dans les échanges se dévoilent les discordes, ce qui illustre la capacité du langage à révéler les enjeux cruciaux qui sous-tendent l'action.

II. Si le langage fait avancer l'action, cependant il faut reconnaître ses limites face aux tensions humaines.

A. Malgré les efforts pour dialoguer, le langage échoue dans la résolution des problèmes et se heurte à son impuissance.

B. Pire encore : l'utilisation du langage, censée apaiser, aggrave pourtant la situation, illustrant ainsi sa complexité et ses nuances.

III. En réalité, le rôle du langage dans la pièce de Nathalie Sarraute est de refléter la complexité des relations humaines.

A. Les tensions entre les personnages de la pièce ne sont pas simplement individuelles, mais aussi sociales.

B. Le langage peut être soit un précieux instrument de communication soit une source d'incompréhensions, selon la complexité des interactions humaines.

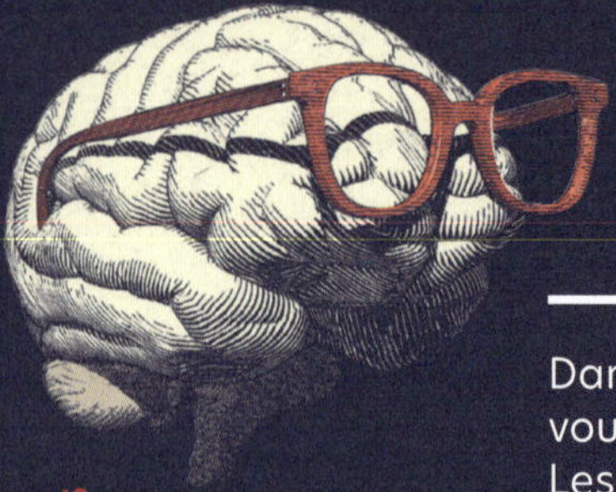

POINT MÉTHODE
ÉLABORATION DE LA SYNTHÈSE

Dans le cadre du **plan dialectique**, on attendra de vous une thèse, une antithèse, puis une synthèse. Les deux premières parties sont suggérées par la question. En effet, si l'on vous pose une question fermée (à laquelle on ne peut répondre que par oui ou non, que par A ou B), vous répondrez A dans la thèse, B dans l'antithèse.

Question : L'intention des personnages est-elle de (A) provoquer ou (B) d'éviter le conflit dans *Juste la fin du monde* ?

Thèse : (A) Les personnages n'ont d'autre choix que d'affronter les membres de leur famille.

Antithèse : (B) Le comportement des personnages montre qu'ils auraient préféré éviter le conflit.

La synthèse doit dépasser l'opposition qu'il y avait entre la thèse et l'antithèse, il faut parler d'autre chose sans tomber dans le hors-sujet !

À NE PAS FAIRE

Synthèse : Finalement, les personnages provoquent et évitent le conflit à la fois.
Si vous faites ça, vous vous répéterez forcément, vous n'apporterez aucune valeur à votre troisième partie. Pire, vous risquez même de vous contredire.

À FAIRE

Synthèse : En réalité, le conflit est indépendant de leur volonté, c'est la crise du langage qui est à l'origine de tous les conflits.

Les profs vous attendent sur cette troisième partie. Il va falloir pointer du doigt le fait que **le sujet ne peut être réduit à ces deux seules réponses** (thèse et antithèse). Insérez dans cette synthèse les éléments du cours que vous n'avez pas pu exploiter dans la thèse et dans l'antithèse. Dans le cas présent, on a parlé de (A) l'affrontement, (B) l'évitement, mais on n'a pas pu parler de (C) la crise du langage qui traverse pourtant toute la pièce ! La synthèse est le moment où vous en parlez. L'enjeu réside dans le lien que vous allez faire entre ce (C) et le sujet.

DORION

ET LA NATURE

LA NATURE, QU'EST-CE QUE C'EST ?

Parmi ces éléments, lequel, d'après vous, ne fait pas partie de la nature ?

- une montagne enneigée
- une plage de sable blanc (ou de galets, d'ailleurs)
- un désert aride
- une prairie verdoyante
- une cascade
- un volcan en éruption
- un orage
- un arc-en-ciel

Aucun, évidemment. Tout est naturel.
Personnellement, l'image qui me vient en tête quand je parle de nature, c'est tout un écosystème : les animaux, les végétaux, les minéraux, mais aussi les saisons, les éléments... Bref, c'est le monde qui nous entoure.

« Nature peut tout et fait tout. »
Montaigne

Clairement, la nature est essentielle à notre existence. Elle nous fournit l'air que nous respirons, l'eau que nous buvons, la nourriture que nous mangeons. Elle nous fournit également des matériaux nécessaires pour fabriquer nos maisons, nos outils et nos objets du quotidien. Pour cela, la nature inspire **beaucoup de respect** aux auteurs et aux artistes de manière plus générale, et ce depuis toujours.

ET À L'ÉPOQUE ?

La conception de la nature change au fil des siècles dans la littérature française. La forêt, au Moyen Âge, est le lieu où l'on se perd ; la montagne un endroit hostile où survivre s'avère difficile. Au XVIIe siècle, il ne viendrait pas non plus à l'idée des classiques de se réfugier dans la nature pour épancher leurs sentiments. Bref, la nature est vue comme sauvage jusqu'à l'instauration d'une relation entre elle et l'homme au XIXe siècle. C'est de cette conception que nous héritons.

« Car enfin, qu'est-ce qu'un homme dans la nature ? Un néant à l'égard de l'infini, un tout à l'égard du néant, un milieu entre *rien et tout.* »
Pascal, *Pensées*

Depuis le XIXe siècle, dans la tradition poétique, la nature signifie **plus qu'un simple décor** : elle devient un être à part entière, un être vivant, mystérieux, puissant. Elle se voit de plus en plus personnifiée : les arbres, par exemple, s'élèvent vers le ciel, comme pour le toucher. Pour cette connexion entre la nature et l'au-delà (le ciel, l'univers, appelez-le comme vous le souhaitez), la nature devient une **force spirituelle**. Cela signifie que, d'après les poètes, la nature a quelque chose de spécial, presque de magique. Elle ne se limite pas à ce que nous voyons, mais elle a des significations plus profondes, comme si elle pouvait nous dire des choses importantes sur la vie et l'univers.

Les poètes vont écrire dans les bois, à la mer, à la montagne, ils partagent un lien profond avec la nature, qu'ils voient comme le lieu où peuvent s'exprimer leurs émotions, les images, les sonorités que l'on retrouve dans la poésie.

HÉLÈNE DORION (NÉE EN 1958)

« Apprends de l'abeille, du papillon, de l'oiseau,
de tout ce qui a des ailes, bois le miel et le lait,
danse sous l'arche, écoute la partition des étoiles
dans la nuit, l'infini du ciel qui bruit en toi. »
Dorion, *Recommencements*

Persuadée que l'humain doit cultiver sa relation avec la nature, l'auteure québécoise Hélène Dorion reprend régulièrement le thème de la nature. Celle-ci est pour elle une **source de beauté, de spiritualité et de ressourcement**, qu'elle explore avec une sensibilité contemporaine. En effet, ses poèmes sondent la beauté du monde naturel, qui révèle les aspects plus intimes de la vie. Grâce à la littérature, elle crée des images et des symboles qui expriment sa propre **vision du monde**.
Pour son œuvre, qui regroupe d'ailleurs aussi des romans, des nouvelles, des études critiques, des essais, de la correspondance, Hélène Dorion reçoit de nombreux prix littéraires depuis les années 1980.

Mes forêts

« Pourquoi tous les poètes sont fans de la nature ? »

MON AVIS

FACILITÉ DE LECTURE ★★★★★

Rien de bien compliqué dans cette lecture : le vocabulaire, la syntaxe utilisés sont simplissimes, accessibles pour n'importe quel lecteur, jeune ou expérimenté.

INTÉRÊT DU FOND ★★½☆☆

Je doute que vous appréciiez le titre du parcours : « La poésie, la nature et l'intime ». Mais cela rassemble trois sujets que l'on a vus et revus en littérature, alors on ne discute pas et on s'y met !

INTÉRÊT DE LA FORME ★★½☆☆

Le style solennel des poètes classiques vous est épargné, les alexandrins et décasyllabes aussi. On a affaire à un style beaucoup plus épuré chez Hélène Dorion.

Honnêtement, c'est de loin l'œuvre que j'apprécie le moins au programme. Mais objectivement, si *Mes forêts* sont un de vos premiers contacts avec la poésie, elles vous rassureront quant à la difficulté de lire ce genre littéraire : le recueil permet d'entrer facilement dans l'univers poétique, car Hélène Dorion hérite des codes portés par les poètes romantiques du XIXe siècle mais adapte tout cela à un style plus contemporain.

MES FORÊTS, PRÉSENTATION DE L'ŒUVRE

Vous souvenez-vous de ce que vous faisiez, d'où vous étiez pendant le confinement ? Imposé mondialement par la pandémie, il se présente comme une expérience difficile pour beaucoup d'entre nous. Mais pour d'autres, il se transforme en l'occasion de se lancer dans de nouvelles activités, de commencer à s'intéresser à certains domaines qui les avaient toujours attirés. Beaucoup ont vu en ce confinement des opportunités.

C'est le cas d'Hélène Dorion, qui décide d'opérer un **retour aux sources**. Elle passe beaucoup de temps à explorer les forêts et à s'immerger dans la nature environnante. Et on retrouve cette démarche dans *Mes forêts* (2021), où l'auteure nous entraîne dans des paysages forestiers, évoquant la magie et la puissance des arbres.

> « Je me suis mise à l'écoute des pulsations du monde. »

Dorion va au-delà de la simple description de la nature : elle tient à révéler la spiritualité présente dans la forêt. Elle y voit un monde qui est là depuis toujours, qui a eu le temps d'observer les hommes et de garder une trace de l'Histoire. On y reviendra très rapidement, ne vous en faites pas !

L'AMBIVALENCE DE LA NATURE

« Mes forêts sont un champ silencieux de naissances et de morts. »

La nature est depuis toujours une source d'inspiration pour les poètes, qui la célèbrent pour sa beauté, sa grandeur, sa force, mais aussi pour ses mystères et ses dangers. Deux conceptions de la nature se valent en effet :

- **La nature comme source de bien**

Les poètes évoquent à plusieurs reprises la beauté de la nature, qu'ils voient comme une source de joie et de bonheur et dont ils contemplent la diversité et la richesse. Elle est indubitablement pour eux une source de vie : ils admirent sa capacité à se renouveler, à se transformer, et à donner naissance à de nouvelles formes de vie.

- **La nature comme source de mal**

D'autres auteurs, comme le marquis de Sade au XVIIIe siècle, attirent l'attention sur la violence de la nature, qu'ils voient alors comme une source de destruction et de mort. Pensez par exemple aux catastrophes naturelles, à la chaîne alimentaire, et à la mort qui guette tous les êtres vivants.

Hélène Dorion fait preuve de nuance et considère la nature avec un regard positif, sans perdre de vue son aspect plus mystérieux voire dangereux. Elle est consciente des forces naturelles qui peuvent être destructrices.

La nature serait un reflet de l'homme : elle illustrerait la confrontation qui existe entre sa part de lumière et sa part d'ombre, le bien et le mal qui résident en la nature humaine (voir chapitre 2). En réalité, la forêt est à l'image de notre monde : elle révèle ce qu'il y a de bon et de mauvais en lui.

LA FONCTION DE LA POÉSIE

« Les forêts
apprennent à vivre
avec soi-même. »

Avec cette citation qui ouvre quasiment le recueil, puisqu'elle figure dans le tout premier poème de *Mes forêts*, Hélène Dorion établit un lien entre la nature et l'intime : les forêts nous permettent de nous apprivoiser nous-mêmes. Et le résultat de son propre apprivoisement, on le trouve dans ses écrits. La poésie lui permet de coucher sur papier, d'exprimer les pensées rendues possibles par son évasion dans la nature. La poésie devient ainsi un moyen de partager sa vision du monde avec le lecteur. En plus de faire découvrir la beauté et la diversité de la nature, Dorion veut aussi sensibiliser le lecteur à la fragilité de la nature et à la nécessité de la protéger. Son recueil interroge donc la **fonction de la poésie** : grâce à la poésie, Hélène Dorion transforme les forêts et le monde extérieur en quelque chose qui lui appartient. Elle y ajoute sa vision du monde, ses émotions et ses expériences. C'est pourquoi le titre du recueil est *Mes forêts*. Elle réunit donc bien dans ce recueil la poésie, la nature, et l'intime !

UNE ŒUVRE ENGAGÉE

Le message d'Hélène Dorion est le résultat de ses réflexions sur le monde : elle y exprime presque toutes les inquiétudes et les regrets de l'humanité.

- Dans ce recueil écologique, Hélène Dorion dénonce l'indifférence de l'humanité face aux catastrophes naturelles :

> « On appelle des catastrophes
> pour les couvrir du tissu
> de nos indifférences. »

- Elle évoque également la colonisation européenne et ses conséquences sur l'environnement. Cette exploitation a conduit à la destruction des forêts, à la disparition de nombreuses espèces animales :

> « On a recouvert nos épaules de fourrures
> mangé la chair des bêtes
> brûlé leurs carcasses. »

Surtout, dans la dernière partie du recueil, Hélène Dorion met le doigt sur le déséquilibre du monde, entre la dégradation de la végétation par l'homme et les technologies qui nous éloignent de la nature.

UN AUTEUR EN LIEN : ALPHONSE DE LAMARTINE

Les romantiques se définissent comme des êtres particulièrement sensibles, mélancoliques et nostalgiques. Aussi, la nature apparaît pour eux comme l'espace où les sentiments peuvent se développer. Aller dans la nature est perçu comme une quête de soi. En bon romantique, Lamartine (1790-1869) conçoit la nature comme un lieu propice à l'évasion.

Mais ça ne s'arrête pas là : elle devient un **miroir de ses propres émotions**, comme si elle pouvait représenter ce qu'il ressent au plus profond de lui, que ce soit de la joie, de la tristesse ou d'autres émotions.

« Ô lac ! l'année à peine a fini sa carrière,
Et près des flots chéris qu'elle devait revoir,
Regarde ! je viens seul m'asseoir sur cette pierre
Où tu la vis s'asseoir ! »
« Le lac », *Méditations poétiques*

Dans ses *Méditations poétiques*, on est très loin de la simple contemplation de la nature. Pour Lamartine, la nature représente **une amie** avec qui il peut partager ses pensées et sentiments. Voyez la personnification que fait Lamartine d'un lac, à qui il s'adresse à la deuxième personne du singulier, comme il s'adresserait à n'importe quelle personne de son entourage. La nature est un refuge qui ouvre les bras au poète quand il va mal.

Alphonse de Lamartine

XVIIIe XIXe XXe

PLAN DE DISSERTATION

« La poésie, c'est tout ce qu'il y a d'intime dans tout »,

nous dit Victor Hugo dans la préface du recueil *Odes et Ballades* (1828). Cette citation éclaire-t-elle la lecture du recueil *Mes forêts* d'Hélène Dorion ?

Je reformule : Peut-on dire que, dans *Mes forêts*, la poétesse Hélène Dorion se définit par l'expression de ses sentiments personnels ?

I. D'abord, dans son recueil, Hélène Dorion passe par la poésie pour donner à voir son monde intérieur.

A. La poésie devient un moyen pour elle de se découvrir et de se comprendre elle-même.

B. Elle utilise la poésie pour partager ses émotions, ses expériences, ses pensées avec le lecteur.

II. Cependant, malgré la dimension personnelle et intime de son recueil, la poésie est un moyen pour l'auteure de se tourner vers le monde extérieur.

A. La poésie peut être un moyen pour le poète de comprendre le monde qui l'entoure, créant ainsi un dialogue entre son monde intérieur et le monde extérieur.

B. La poésie exprime également des réalités universelles qui dépassent l'expérience personnelle de Dorion.

III. En réalité, c'est par son appropriation du monde que la poétesse se définit dans *Mes forêts*.

A. Pourtant héritière de la conception de la nature des romantiques, Hélène Dorion se crée sa propre conception du monde, consciente de l'ambivalence de la nature comme source de vie et de mort à la fois.

B. La poétesse parvient à faire entendre la voix d'une Nature inquiète, qu'elle apprivoise, comme en témoigne le titre du recueil *Mes forêts*.

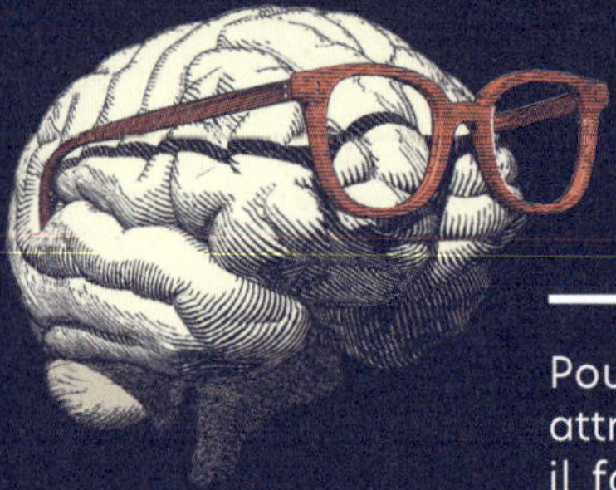

POINT MÉTHODE
CONNECTEURS LOGIQUES

Pour donner envie à votre examinateur de vous attribuer une bonne note, il faut lui faciliter la lecture, il faut qu'il comprenne tout de suite **comment s'articule votre plan**. Pour cela, vous devez établir les bons liens entre vos différentes parties et sous-parties.

C'est là qu'entrent en jeu les connecteurs logiques ! Aussi appelés *mots-liens*, ils vous permettent de structurer votre texte de manière claire et efficace. Ils vous aideront à organiser vos idées et à créer un plan cohérent, en évitant les ruptures de sens.

Pour séduire votre examinateur, ensuite, il faut être capable de varier, alors voici une liste non exhaustive des connecteurs logiques que vous pouvez réutiliser – c'est cadeau :

- L'opposition : mais, cependant, pourtant, toutefois, néanmoins
- La cause : car, parce que, puisque, en raison de, en vertu de
- La conséquence : donc, par conséquent, ainsi, c'est pourquoi
- La comparaison : comme, de même que, ainsi que, à l'instar de
- L'addition : et, également, de plus, en outre, de surcroît
- La progression : d'abord, ensuite, puis, enfin, en conclusion
- La conclusion : en conclusion, pour conclure, en somme, bref

REMERCIEMENTS

Je voudrais exprimer ma profonde gratitude à tous ceux qui ont contribué à la réalisation de ce livre.

Malheureusement, c'est impossible. Je ne peux pas, sur cette toute dernière page, faire une place à chacune des 500 000 personnes qui me soutiennent sur les réseaux sociaux par leur simple présence, et sans qui rien de tout cela ne serait arrivé.

Cependant, je devrais pouvoir citer les quelques personnes de mon entourage très restreint qui, directement ou indirectement, ont encouragé et rendu possible l'aboutissement de ce projet.

Je remercie ma famille, qui a sacrifié tant de choses pour me voir réussir, me faire venir en Europe et apprendre cette langue que je maîtrise aujourd'hui mieux que ma langue maternelle.

Je remercie mes beaux-parents, qui font tout leur possible au quotidien pour rendre mes journées plus simples, me faire gagner en efficacité, et me témoigner leur soutien sans faille.

Je remercie Madame Everaert, mon ancienne professeure de français, celle qui m'a donné goût à la littérature et qui a accepté de relire le livre que vous avez entre les mains malgré des délais très serrés (trois semaines à peine) !

Je remercie Monsieur Logé et Madame Ost, mes professeurs d'histoire de la littérature française et de littératures comparées. Ils ne se souviennent probablement pas de moi, mais cet ouvrage est le résultat de très nombreuses heures passées à boire leurs paroles.

Je remercie Anne, mon éditrice, de m'avoir témoigné sa confiance en me proposant ce projet fou, réalisé en un temps record !

Enfin, je remercie Arthur, l'homme qui me rend invincible, mon plus grand fan, mon premier lecteur aussi, la personne qui se cache derrière chaque vidéo, chaque projet, chaque idée, celui qui me secoue quand mes angoisses prennent le dessus. Merci.

Sans le passage de ces quelques personnes dans ma vie, croyez bien que ce livre n'aurait pas la même âme.

TABLE DES MATIÈRES

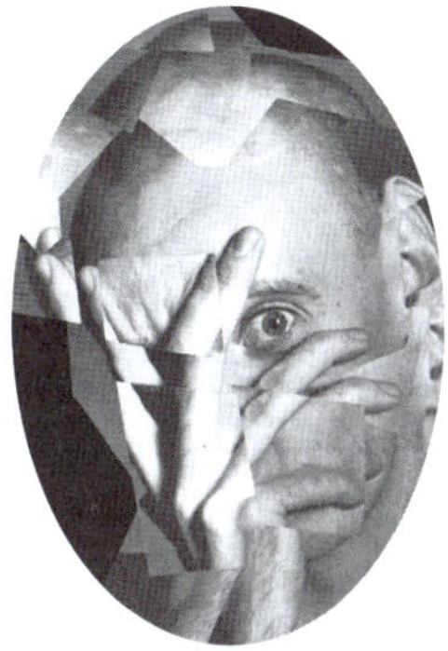

CRÉDITS ICONOGRAPHIQUES

58 rue Jean-Bleuzen 92170 Vanves France

Direction Hachette Pratique : Catherine Saunier-Talec
Responsable éditoriale : Anne Le Meur
Responsable artistique : Carla Dalvy
Création de la maquette intérieure et mise en page : Stéphanie Aguado
Révision : Hélène Meurice
Fabrication : Grégory Morin
Partenariats : Dana Lichiardopol (dlichiardopol@hachette-livre.fr)

Achevé d'imprimer en février 2024 par Estella Gráficas (Espagne)
Dépôt légal : mars 2024
Nuart : 59-8466-9/01
ISBN : 978-2-01-789307-3

PAPIER À BASE DE FIBRES CERTIFIÉES

hachette PRATIQUE s'engage pour l'environnement en réduisant l'empreinte carbone de ses livres. Celle de cet exemplaire est de : 2 kg kg éq. CO_2 Rendez-vous sur www.hachette-durable.fr

L'éditeur utilise des papiers composés de fibres naturelles, renouvelables, recyclables et fabriquées à partir de bois issus de forêts qui adoptent un système d'aménagement durable. L'éditeur attend également de ses fournisseurs de papier qu'ils s'inscrivent dans une démarche de certification environnementale reconnue.